Silke Hilpert

TANGRAM 2A
Deutsch als Fremdsprache

Übungsheft

Max Hueber Verlag

Quellenverzeichnis

Seite 1, 2, 11: Fotos: Alastair Penny, Berlin

Seite 4: Text aus: Kleines Lexikon der Superlative, © 1992 by Schloss Verlag München, 1992

Seite 8: Text 18 aus: Ursula Wölfel, 28 Lachgeschichten, © 1969 by K. Thienemanns Verlag, Stuttgart – Wien

Seite 17: Briefmarken: Deutsche Post AG; Foto: DIZ, Süddeutscher Verlag, Bilderdienst, München (KPA)

Seite 18: Gedicht aus Joachim Ringelnatz, Sämtliche Gedichte, © 1997 by Diogenes Verlag AG Zürich

Seite 21: Foto: Deutsches Filminstitut, Frankfurt/Main

Seite 23: Alle Fotos: Gerd Pfeiffer, München

Seite 32: City-Karte: Kartographie Huber, München

Wir haben uns bemüht, alle Inhaber von Bild- und Textrechten ausfindig zu machen. Sollten Rechteinhaber hier nicht aufgeführt sein, so wäre der Verlag für entsprechende Hinweise dankbar.

5. 4. 3. | Die letzten Ziffern
2008 07 06 05 04 | bezeichnen Zahl und Jahr des Druckes.
Alle Drucke dieser Auflage können, da unverändert,
nebeneinander benutzt werden.
1. Auflage
© 2002 Max Hueber Verlag, 85737 Ismaning, Deutschland
Zeichnungen: ofczarek!
Satz: Agentur Langbein Wullenkord, München
Verlagsredaktion: Dörte Weers, Weßling
Druck und Bindung: Ludwig Auer GmbH, Donauwörth
Printed in Germany
ISBN 3–19–201615–9

Inhalt

Gewohnte Verhältnisse?

Übungen zu Teil A

1 Wo steht -haus?

Ergänzen Sie -haus, wenn nötig. Ergänzen Sie auch Artikel und Pluralform.

Artikel		Plural		Artikel		Plural
a)	_das_ Hoch*haus,*	_die Hochhäuser_	g)	_die_ Villa _—_ ,	_die Villen_
b)	_der_ Bauernhof, _—_	_die Bauernhöfe_	h)	_das_ Garten*haus,*	_die Gartenhäuser_
c)	_das_ Reihen*haus,*	_die Reihenhäuser_	i)	_der_ Altbau _—_ ,	_die Altbauten_
d)	_das_ Schloss _—_ ,	_die Schlösser_	j)	_das_ Fachwerk*haus,*	_die Fachwerkhäuser_
e)	_das_ Einfamilien*haus,*	_die Einfamilienhäuser_	k)	_das_ Öko*haus,*	_die Ökohäuser_
f)	_das_ Wohnheim _—_ ,	_die Wohnheime_			

2 Wortsalat rund ums Haus.

Schreiben Sie.

HAUS

AZRT — _Arzt_
MEIESTR — _Meister_
ONRDUNG — _Ordnung_
SCHUEH — _Schuhe_
TEIR — _Tier_
TRÜ — _Tür_

ELNTER — _Eltern_
FEREIN — _Ferien_
KRAKENN — _Kranken_
MEBLÖ — _Möbel_
TRUMA — _Traum_
TPPEREN — _Treppen_

HAUS

3 Was passt wo?

Ergänzen Sie die Sätze mit den Wörtern aus Übung 2.

a) Super, zwei Wochen Italien. Und wo werdet ihr übernachten? – Wir haben uns ein kleines ___Ferienhaus___ gemietet.

b) Hast du nun ein passendes Sofa gefunden? – Nein, leider nicht. Ich kann dir gar nicht sagen, in wie vielen verschiedenen ___Möbelhäuser___ _n (Plural)_ ich war.

c) Stell dir vor, ich habe mein ___Traumhaus___ gesehen. Eine kleine Villa, mitten in der Stadt! – Das musst du mir mal zeigen.

d) Haben Sie schon bemerkt? Das Licht im Keller ist kaputt. – Nein, aber sagen Sie es dem _____, der repariert das.

e) Immer dieser Müll im _____! Dabei steht in der _____, dass es verboten ist, vor den Haustüren Müll abzuladen.

f) Wie oft soll ich es dir noch sagen? Zieh doch bitte in der Wohnung deine _____ an! – Okay!

g) Die _____ stand wieder die ganze Nacht offen. – Das ist mir auch aufgefallen. Sie schließt nicht mehr richtig.

h) Seltsam, jedes Mal, wenn ich in mein _____ zurückkehre, fühle ich mich wie ein Kind.

i) Meine Mutter muss nächste Woche ins _____. Ihr geht es wirklich schlecht. Der Arzt will sie operieren.

4 Was ist das Gegenteil?

Markieren Sie.

	1	zentral	d	a)	ruhig
	2	laut	a	b)	auf dem Land
Ich wohne ...	3	billig	c	Wir wohnen ...	c) teuer
	4	alleine	e	d)	außerhalb
	5	in der Stadt	b	e)	zu zweit

5 Konjugation

Ergänzen Sie die Endungen von *würden*.

ich   e
du   est
sie/er/man   e
wir   würd **en** gern in einem Schloss   wohnen.
ihr   et
sie   en
Sie   en

6 Wünsche

Schreiben Sie Sätze im Konjunktiv II.

a) Würden Sie gern auf dem Land wohnen?
   Ich würde lieber in der Stadt wohnen, weil ich gern ausgehe.
   lieber in der Stadt wohnen – gern ausgehen

b) Würdet ihr gern mit anderen Leuten zusammenwohnen?
   Wir würden lieber alleine wohnen, weil wir unsere Ruhe haben wollen
   lieber alleine wohnen – unsere Ruhe haben wollen

   Wir würden gern in einem Wohnheim, weil dort immer was los ist.
   gern in einem Wohnheim – dort immer was los sein

c) Wo würdet ihr gerne wohnen?
   Wir würden gern in Grünen wohnen, weil wir so viele Haustiere haben.
   im Grünen wohnen – so viele Haustiere haben

d) Wo würdest du lieber wohnen? In der Stadt oder auf dem Land?
   Ich würde lieber auf dem Land wohnen, weil ich die Natur liebe
   lieber auf dem Land wohnen – die Natur lieben

e) Wo würde dein Partner am liebsten wohnen?
   Er würde gern am liebsten allein wohnen, weil er den ganzen Tag Musik hören will.
   am liebsten allein wohnen – den ganzen Tag Musik hören wollen

Übungen zu Teil B

7 Wortschatz

Ergänzen Sie die Begriffe. Ergänzen Sie auch Artikel und die Pluralformen.

Miete ◆ Quadratmeter ◆ Nebenkosten ◆ Neubau ◆ Mieter ◆ Einbauküche ◆ Tiefgarage ◆
Makler ◆ Vermieter ◆ Kaution

a) Person, die ihre Wohnung gegen Geld einer anderen Person überlässt _der Vermieter, die Vermieter_

b) Person, die für andere Leute Wohnungen und Häuser vermietet __Makler__

c) Maß für die Wohnfläche __Quadratmeter__

d) Geld, das man für die Heizung und das Wasser zusätzlich zur Miete
bezahlen muss __Nebenkosten__

e) Person, die Geld dafür bezahlt, um in einer Wohnung wohnen
zu können __Mieter__

f) Geld, das man zur Sicherheit an den Vermieter zahlen muss __Kaution__

g) Küche mit genau passenden Teilen __Einbauküche__

h) Gegenteil von Altbau __Neubau__

i) Geld, das man jeden Monat bezahlt, um in einer Wohnung wohnen
zu können. __Miete__

j) Garage unter der Erde __Tiefgarage__

8 Wiederholung: Komparativ und Superlativ

Schreiben Sie die Komparative und Superlative.

		Komparativ	Superlativ
a)	groß	größer	am größten
b)	klein		
c)	günstig		
d)	teuer		
e)	luxuriös		
f)	häufig		
g)	zentral		
h)	viel		
i)	gern		
j)	hoch		
k)	gut		
l)	schnell		
m)	wenig		
n)	dunkel		
o)	alt		
p)	früh		
q)	lang		
r)	fleißig		

9 Bauwerke im Vergleich

hoch oder *höher, als* oder *wie*? Ergänzen Sie.

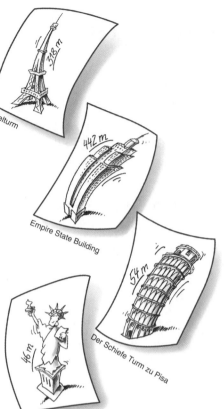

Eiffelturm

Empire State Building

Der Schiefe Turm zu Pisa

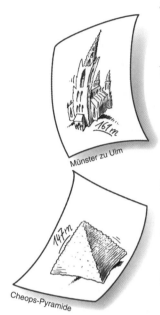

Münster zu Ulm

Cheops-Pyramide

Freiheitsstatue

a) Der Eiffelturm ist mehr als 100 Meter
   <u>höher</u> <u>als</u> das Empire
   State Building.

b) Das Münster zu Ulm ist fast genauso
   _____ _____ die Cheops-
   Pyramide in Ägypten.

c) Das Empire State Building ist fast 400 m
   _____ _____ die Freiheitsstatue.

d) Der Schiefe Turm in Pisa ist fast genauso
   _____ _____ die Freiheitsstatue.

e) Der Eiffelturm ist fast 100 m _____
   _____ das Münster zu Ulm.

f) Die Cheops-Pyramide ist 100 m
   _____ _____ der Schiefe Turm
   in Pisa.

10 Kleine Auswahl deutscher, österreichischer und Schweizer Superlative

Ergänzen Sie die Adjektivformen im Superlativ.

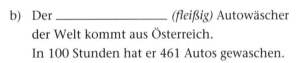

a) Das <u>längste</u> (lang) Alphorn der Welt
   stammt natürlich aus der Schweiz
   und ist 37 m lang.

b) Der _____ (fleißig) Autowäscher
   der Welt kommt aus Österreich.
   In 100 Stunden hat er 461 Autos gewaschen.

c) Den _____ (teuer) Badeanzug gibt es in der Schweiz.
   Er ist mit Diamanten besetzt und kostet 1,25 Millionen Euro.

d) Die _____ (groß) Bierdeckelsammlung gibt es in Wien.
   Sie ist inzwischen auf über 120 000 Exemplare angewachsen, die aus
   49 Bier-Ländern stammen.

e) Die _____ (viel) Briefmarken auf einem Poststück
   waren auf einem Brief, der in Österreich angekommen ist.
   Er war mit 4,5 Meter Briefmarken beklebt.

f) Die _____ (klein) Brille der Welt gibt es in München. Sie ist 12,6 Millimeter breit und
   5,4 Millimeter hoch.

g) Die _____ (schnell) Köchin der Welt kommt aus Deutschland. Sie hat in 14 Minuten und
   10 Sekunden ein komplettes Menü gekocht.

h) Die _____ (häufig) Vornamen in Deutschland sind „Hans" und „Joseph" bei den Männern
   und „Marie" oder „Maria" bei den Frauen.

11 **Wohnungsdialoge**

Bringen Sie die Dialoge in eine sinnvolle Reihenfolge.

Dialog 1

> **Westend beste Lage, luxu-**
> **riöse 2-ZW**, Marmor, Kamin,
> Südlage, 120 m², teil-möbl.,
> lux. EBK, Marmorbad, frei ab
> 1.5., 1500 Euro + U/KT.

☐ Noch eine letzte Frage: Hat die Wohnung eine Wohnküche?

☐ Ja, gern. Gibt es denn einen Besichtigungstermin für die Wohnung?

1 Guten Tag, mein Name ist Kaiser. Ich rufe wegen der Zweizimmer-
wohnung im Westend an. Ist die noch frei?

☐ Vielen Dank für die Auskunft. Bis Donnerstag also.

☐ Ja, die ist noch frei. Möchten Sie sie besichtigen?

☐ Ja, diesen Donnerstag, um 11 Uhr in der Pestalozzistraße 20.

☐ Ja, eine sehr große, dort haben bequem acht Leute Platz.

Dialog 2

> **Frankfurt-Zentrum, 2-ZKB**,
> ca. 70 m², ab 1.4., 400 Euro +
> NK.

☐ Ach, schade, aber in solch einem Haus hätten wir uns dann auch sicherlich
nicht wohl gefühlt.

☐ Ich bin allein erziehend und habe eine dreijährige Tochter. Aber wir haben
keine Haustiere.

1 Guten Tag. Mein Name ist Maier. Ich interessiere mich für die 2-Zimmer-
Wohnung im Zentrum. Ist die noch frei? Können wir uns die mal ansehen?

☐ Haben Sie Kinder oder Haustiere?

☐ Das tut mir sehr Leid. Aber die Wohnung ist nur an eine allein stehende
Person zu vermieten.

12 **Wiederholung: Fragen**

Schreiben Sie die Fragen.

> **Nachmieter ges.: 4-ZW, AB**,
> Bockenheim, 100 m², EBK,
> teilw. Parkett, kl. Blk., 3. OG,
> 900 Euro + NK, Feiner Imm.

1 *Wie ist die Adresse*   ? *d*
   Adresse – wie – die – ist

2 _____ ?
   sind – von – was – Beruf – Sie

3 _____ ?
   Kinder – Sie – haben

4 _____ ?
   ist – hoch – die Miete – wie

5 _____ ? ☐
   haben – Haustiere – Sie

6 _____
   _____ ? ☐
   die Nebenkosten – sind – wie – hoch

7 _____ ? ☐
   wie – hat – Zimmer – viele – die Wohnung

8 _____ ? ☐
   verheiratet – sind – Sie

9 _____ ? ☐
   spielen – ein Musikinstrument – Sie

10 _____ ? ☐
   frei – ist – ab – wann – die Wohnung

13 **Ordnen Sie nun den Fragen die passenden Antworten zu.**

a) 900 Euro im Monat.

b) 150 Euro pauschal.

c) 4 Zimmer, Bad und Einbauküche.

d) ~~Obernhainerstr. 27.~~

e) Ab sofort.

f) Lehrer.

g) Ja, eine Tochter und einen Sohn.

h) Ja, bin ich.

i) Ja, eine Katze und einen Hund.

j) Ja, Klavier.

Bringen Sie den Text in eine sinnvolle Reihenfolge.

> **Westend, Exklusiver Neubau-Erstbezug z. 1.5., 4-Zi-Whg,** 159 m², Parkett, Gäste-WC, o. EBK, 2300 Euro + Uml. + Kt., König Immobilien

Paul und Anna Allesgut
Parkstr. 19
69034 Frankfurt

Frankfurter Rundschau
Kleinanzeigen

Frankfurt am Main

Ihre Anzeige in der Frankfurter Rundschau
ZF 574638

Sehr geehrte Damen und Herren,

Zum Schluss hätten wir gerne noch nähere Informationen zur Wohnung. Ist die ganze Wohnung mit Parkett ausgestattet? Wie hoch sind die Umlagen und Nebenkosten? Gibt es auch einen Garten? Ist es möglich, Haustiere (zwei Katzen, absolut stubenrein!) zu halten?

Wir, d.h. vor allem meine Frau, kennen also diesen Stadtteil von Frankfurt ganz gut und könnten uns sehr gut vorstellen dort zu wohnen.

1 mit großem Interesse haben wir Ihre Anzeige in der Frankfurter Rundschau vom 24. März gelesen.

Privat wird sich unsere Situation ab Juli verändern. Wir erwarten unser zweites Kind. Deshalb suchen wir auch eine größere Wohnung. Unser Sohn ist bereits drei Jahre und geht in einen Kindergarten in der Nähe des Gymnasiums, wo meine Frau arbeitet.

Meine Frau und ich wohnen und arbeiten seit ca. zwei Jahren in Frankfurt. Ich bin als Ingenieur im gehobenen Management angestellt und meine Frau ist verbeamtete Lehrerin an einem Gymnasium im Westend.

Wir hoffen auf eine baldige Antwort und verbleiben
mit freundlichen Grüßen

Paul und Anna Allesgut

übungen

Übungen zu Teil D

15 Was ist das Gegenteil?

Markieren Sie.

1	leer *e*	a)	ordentlich
2	konservativ	b)	dunkel
3	kühl	c)	freundlich
4	luxuriös	d)	stillos
5	stilvoll	e)	voll
6	chaotisch	f)	einfach
7	hell	g)	modern

16 Wo macht man was?

Ergänzen Sie die passenden Begriffe.

a) Wo schlafen die Kinder? _Im Kinderzimmer._____

b) Wo wäscht man sich? _____

c) Wo isst man? _____

d) Wo schlafen die Erwachsenen? _____

e) Wo sieht man fern? _____

f) Wo kocht man? _____

g) Wo steht das Auto? _____

h) Wo pflanzt man Blumen? _____

17 Die chinesische Vase aus dem 15. Jahrhundert

Ergänzen Sie die Präpositionen und die Artikel.

a) Stellen Sie sie am besten hier _in den_____ *(in)* Flur.

b) Ja, hier _____ *(auf)* Boden _____ *(neben)* Garderobe.

c) Oder nein, vielleicht doch besser _____ *(in)* Wohnzimmer.

d) Aber wohin? Vielleicht _____ *(in)* Schrankwand? Nein.

e) Oder _____ *(neben)* Stehlampe? Nein.

f) _____ *(Zwischen)* beiden Kerzenständer? Nein.

g) _____ *(Unter)* Kronleuchter? Nein.

h) Vielleicht doch lieber

   _____

   (in) Esszimmer.

i) _____

   (Vor) große Fenster? Nein.

j) _____ *(Auf)* Esstisch.

   Ach, wissen Sie was?

   Stellen Sie sie einfach irgendwo hin.

18 Die Geschichte von der Frau, die immer an etwas anderes gedacht hat

Ergänzen Sie die Artikel.

Einmal wollte eine Frau Wäsche waschen und Kartoffeln kochen und die Küche putzen. Sie hat aber immer an etwas anderes gedacht, und dabei hat sie den Eimer mit _dem_ (1) Putzwasser auf _____ (2) Herd gestellt, und die Kartoffeln hat sie in _____ (3) Waschmaschine geworfen, und das Waschpulver hat sie auf _____ (4) Boden geschüttet. Dann hat sie gemerkt, dass alles falsch war. Sie hat schnell den Eimer _____ (von) (5) Herd genommen und die Kartoffeln aus _____ (6) Waschmaschine geholt und das Waschpulver aufgefegt. Jetzt wollte sie alles richtig machen. Aber sie hat wieder an etwas anderes gedacht! Sie hat das Putzwasser in _____ (7) Waschmaschine geschüttet, und das Waschpulver hat sie in _____ (8) Kochtopf getan, und die Kartoffeln hat sie in _____ (9) Putzeimer geworfen. Als sie anfangen wollte zu putzen, sind überall die Kartoffeln umhergekollert, und als die Frau gerade die Kartoffeln wieder aufsammeln wollte, ist das Seifenwasser _____ (in) (10) Kochtopf übergekocht, und die ganze Küche war voll Waschbrühe. Die Frau hat gelacht und gerufen: „Jetzt ist die Küche wenigstens sauber!" Und dann hat sie wirklich alles richtig gemacht.

19 Mit oder ohne *zu*?

Ergänzen Sie.

a) Musst du dir jeden Morgen Techno-Musik an _____ hören?

b) Hättest du morgen Lust, mit mir ins Kino _zu_ gehen?

c) Sollen wir morgen gemeinsam ins Kino _____ gehen?

d) Ich habe angefangen, jeden Morgen eine Stunde _____ joggen.

e) Er versucht nun, etwas weniger _____ arbeiten und mehr Zeit mit der Familie _____ verbringen.

f) Gehen wir morgen gemeinsam _____ schwimmen?

g) Ich habe aufgehört, mich über ihn auf _____ regen.

h) Möchtest du mit mir spazieren _____ gehen?

i) Es ist unmöglich, jeden Tag gut gelaunt _____ sein.

j) Er scheint sehr verärgert _____ sein.

k) Dürfen wir heute etwas länger auf _____ bleiben? Morgen ist doch Sonntag.

l) Ich hoffe, ihn morgen in der Schule _____ treffen.

m) Es ist noch nicht spät. Lass uns doch noch etwas _____ trinken.

n) Versprichst du mir, morgen pünktlich _____ kommen?

o) Hörst du die Vögel _____ singen? Der Frühling kommt.

20 **Verständnisvolle Eltern**

Ergänzen Sie den Infinitiv mit *zu*.

a) Für unseren Sohn ist es unmöglich, auf eigenen Beinen ___*zu stehen*___. *(stehen)*

b) Es fällt ihm einfach schwer, morgens früh _____. *(aufstehen)*

c) Es gelingt ihm nicht, regelmäßig zur Arbeit _____. *(gehen)*

d) Er vergisst immer, uns täglich _____. *(anrufen oder besuchen)*

e) Wir haben ihn gebeten, seine Telefonrechnungen doch selbst _____. *(bezahlen)*

f) Selbstverständlich sind wir bereit, seine Wäsche _____. *(waschen)*

g) Er verspricht uns nach jedem Besuch, seine Wohnung _____. *(aufräumen)*

h) Er versucht, sparsamer _____ *(leben)* und nicht jeden Abend im Restaurant

_____. *(essen)*

i) Wir haben ihn gebeten, uns seine Sorgen _____. *(erzählen)*

j) Wir hoffen, dass er lernt, für sich selbst verantwortlich _____. *(sein)*

k) Aber wir haben natürlich nicht das Recht, ihm _____. *(Vorschriften machen)*

21 **Auf gute Nachbarschaft!**

Bilden Sie die „Infinitiv mit *zu*"-Sätze. Verwenden Sie verschiedene Ausdrücke, um den Infinitivsatz einzuleiten.

Vergessen Sie bitte nicht,
Denken Sie bitte daran,
Vielleicht ist es Ihnen möglich,
Könnten Sie sich vorstellen,
Würden Sie bitte versuchen,

a) den Müll nicht aus dem Fenster werfen ◆ b) die Kellertür abschließen ◆ c) das Licht im Keller ausschalten ◆ d) die Blumen im Hof nicht zerstören ◆ e) die Musik nach Mitternacht leiser stellen ◆ f) die Post nicht verstecken ◆ g) freundlich grüßen ◆ h) keine Wäsche im Treppenhaus aufhängen ◆ i) nicht im Treppenhaus singen ◆ j) das Treppenhaus nicht bemalen ◆ k) nicht aus dem Fenster zu springen, sondern die Haustür benutzen ◆ l) nicht das Treppengeländer hinunter rutschen ◆ m) beim Waschen das Bad nicht unter Wasser setzen

a) ___*Denken Sie bitte daran, den Müll nicht aus dem Fenster zu werfen.*___

b) _____

c) _____

d) _____

e) _____

f) _____

g) _____

h) _____

i) _____

j) _____

k) _____

l) _____

m) _____

22 **Geständnis eines WG-Mitbewohners**

Bilden Sie Infinitivsätze mit *zu*.

> Ich gebe zu, dass es nicht einfach ist, mit mir unter einem Dach zu wohnen, aber ich habe vor, mich zu ändern …

a) Ich habe beim Frühstück immer mit vollem Mund geredet. Das gebe ich zu.
   Ich gebe zu, beim Frühstück immer mit vollem Mund geredet zu haben.

b) Ich habe die Zeitung nicht mit anderen geteilt, das war nicht richtig von mir.
   Es war

c) Ich habe immer bei anderen mit gegessen, das war nicht fair von mir.
   Es

d) Ich habe mein schmutziges Geschirr wochenlang nicht gespült, das gebe ich auch zu.
   Ich

e) Ich habe stundenlang telefoniert, das war sehr egoistisch von mir.
   Es

f) Ich habe immer zu laut Musik gehört, das tut mir Leid.
   Es

Übungen zu Teil E

23 **weil oder obwohl?**

Ergänzen Sie.

> Ich möchte von zu Hause ausziehen, …

a) *obwohl* ich ein wunderschönes Zimmer bei meinen Eltern zu Hause habe.

b) _____ ich keine lästigen Fragen mehr beantworten möchte.

c) _____ meine Mutter jeden Mittag etwas zum Essen kocht.

d) _____ ich viel Geld sparen würde, wenn ich zu Hause bleiben würde.

e) _____ ich endlich selbstständig und erwachsen werden möchte.

f) _____ ich mit Freunden zusammenziehen möchte.

g) _____ meine Eltern mir keine Vorschriften machen.

24 *deshalb* **oder** *trotzdem*?

Ergänzen Sie.

a) Ich habe ein wunderschönes Zimmer bei meinen Eltern zu Hause, _trotzdem_ ...

b) Ich möchte keine lästigen Fragen mehr beantworten, _____ ...

c) Meine Mutter kocht jeden Mittag etwas zum Essen, _____ ...

d) Ich würde viel Geld sparen, wenn ich zu Hause bleiben würde, _____ ...

e) Ich möchte endlich selbstständig und erwachsen werden, _____ ...

f) Ich möchte mit Freunden zusammenziehen, _____ ...

g) Meine Eltern machen mir keine Vorschriften, _____ ...

... möchte ich von zu Hause ausziehen.

25 **Auf dem Land oder in der Stadt wohnen?**

Ergänzen Sie *weil*, *deshalb*, *obwohl* oder *trotzdem*.

a) Ich gehe gerne in der Natur spazieren, _deshalb_ lebe ich direkt am Wald.

b) Ich lebe in einem schönen Altbau mitten in der Stadt, _____ ich gern abends spontan zu Fuß ins Kino oder in eine Kneipe gehe.

c) Manchmal nerven mich die Geräusche der Nachbarn, _____ möchte ich nicht aus meiner Stadtwohnung ziehen.

d) Ich fühle mich ganz wohl in der Stadt, _____ ich mich auch nach einen kleinen Garten sehne.

e) Ich wohne lieber außerhalb der Stadt, _____ mir das Leben in der Stadt zu stressig ist.

f) Ich arbeite mitten in der Stadt, _____ genieße ich abends die Ruhe auf dem Land.

g) Alle meine Freunde leben in der Stadt, _____ möchte ich aufs Land ziehen.

h) Wir wohnen wegen der Kinder auf dem Land, _____ wir das Leben in der Stadt viel interessanter finden.

26 Gute Gründe für einen Umzug?

Formulieren Sie Sätze mit *weil* und *deshalb* und mit *obwohl* und *trotzdem*.

a) Die Nachbarn sind zu laut.
   Ich möchte umziehen, weil die Nachbarn zu laut sind.
   Die Nachbarn sind zu laut, deshalb möchte ich umziehen.

b) Die Nachbarn grüßen nicht.
   Ich möchte umziehen, _____
   _____

c) Die Wohnung ist super renoviert.
   _____
   _____

d) Das Haus hat keinen Aufzug.
   _____
   _____

e) Haustiere sind nicht erlaubt.
   _____
   _____

f) Das Haus hat einen sehr schönen Innenhof.
   _____
   _____

g) Die Wohnung hat keinen Balkon.
   _____
   _____

27 Alles Gute ...

Ergänzen Sie die Adjektiv-Nomen.

■ Ich wünsche dir alles *Gute* _____ (gut) zum Geburtstag.

● Vielen Dank.

■ Wünschst du dir etwas _____ (besonders)?

● Ja, eine neue Wohnung.

■ Da habe ich etwas _____ (interessant) in der Zeitung gelesen.

● Was denn?

■ Ein älteres Ehepaar sucht einen netten Untermieter. Das _____ (interessant) daran ist, dass du keine Miete bezahlen musst.

● Das verspricht nichts _____ (gut). Was muss ich denn dafür tun?

■ Ach, da stand: kleinere Hausarbeiten, mit dem Hund spazieren gehen und das _____ (wichtigst-): etwas _____ (schön) für das gemeinsame Abendprogramm bieten.

● Nein, danke. Das ist wohl nicht das _____ (passend) für mich. Da zahle ich lieber mehr Miete.

Erinnerungen

übungen

Übungen zu Teil A

1 **Kreuzworträtsel**

Ergänzen Sie.

senkrecht

1 Zeit, in der man sich
auf einen Beruf vor-
bereitet

2 Zeit, in der jemand ein
Kind ist

4 Der letzte Abschnitt
des Lebens

waagrecht

3 Die Verbindung
zur Ehe

5 Tätigkeit, zu der man
meist eine spezielle
Vorbereitung braucht
und mit der man sei-
nen Lebensunterhalt
verdient

6 Eltern und ihr Kind
bzw. ihre Kinder oder
alle miteinander ver-
wandten Personen

7 Institution, die dazu
dient, Kindern Wissen
zu vermitteln und sie
zu erziehen

2 **Wortsalat**

Bringen Sie die Buchstaben in die richtige Reihenfolge.

a) in eine andere Stadt HIEZEN _ziehen_____ / EISERN _____

b) in ferne Länder GIEFLEN _____

c) das Abitur – eine Ausbildung AMECHN _____

d) in die Schule – in den Kindergarten – aufs Gymnasium MOKMEN _____

e) als Lehrer REIBATEN _____

f) ein Kind MEBKOMEN _____

g) die Schule – das Studium – die Lehre – SCHIEBLAßEN _____ / BABERECHN

_____ / FAGANNEN _____

3 Zeitangaben

Was passt zusammen?

1	als	*e*	a)	bis 1983
2	mit		b)	der 90er-Jahre
3	drei Jahre		c)	70er-Jahren
4	im Jahre		d)	1988
5	von 1981		e)	Kind
6	zwischen 1976		f)	später
7	in den		g)	und 1980
8	Anfang/Ende		h)	neun Jahren

4 Wiederholung: Perfekt

Ergänzen Sie die Perfektformen in die richtige Gruppe.

> ~~machen~~ ◆ fliegen ◆ verreisen ◆ reisen ◆ studieren ◆ abschließen ◆ umziehen ◆ beginnen ◆
> ziehen ◆ kommen ◆ arbeiten ◆ bekommen ◆ sein ◆ abbrechen ◆ fahren ◆ heiraten ◆
> passieren ◆ anfangen ◆ einkaufen

ge...t	*gemacht,* _____
ge...en	_____
...t	_____
...ge...t	_____
...ge...en	_____
...n	_____

5 Der lange Ausbildungsweg des August K.

Schreiben Sie die Fragen im Perfekt.

Ich habe die Kneipe hier seit 3 Jahren.

a) _Wann wurden Sie geboren_ _____ ?

wurden – Sie – geboren – wann

b) _____ ?

Sie – mit wie viel Jahren – in den Kindergarten – kommen

c) _____ ?

das Abitur – wann – Sie – machen

d) _____ ?

Sie – Ihr Studium – beginnen – wann

e) _____ ?

Ihr Studium – wann – Sie – abbrechen – und – anfangen – eine Ausbildung

f) _____ ?

Sie – wann – anfangen – Ihr Zweitstudium

g) _____ ?

Sie – im Ausland – studieren – wie lange

h) _____ ?

Promotion – abschließen – wann – Sie

i) _____ ?

als Psychologe – wie lange – arbeiten – Sie

j) _____ ?

heute – machen – Sie – was

---

6 | **Antworten**

Schreiben Sie die Antworten auf die Fragen aus Übung 5.

a) _Ich wurde 1951 in Berlin geboren_ _____ .

(1951 in Berlin geboren)

b) _Mit drei Jahren_ _____ .

(in den Kindergarten gekommen)

c) Im Jahre 1971 _____ .

(Abitur gemacht)

d) Ende 1972 _____ .

(mein Jura-Studium begonnen)

e) Von 1972 bis 1974 _____ , (Jura studiert)

dann _____ .

(mein Studium abgebrochen und eine Ausbildung angefangen)

f) Vier Jahre später _____ .

(mein Zweitstudium in Psychologie begonnen)

g) Von 1984 bis 1987 _____ .

(im Ausland gearbeitet)

h) Fünf Jahre später _____ .

(meine Promotion gemacht)

i) Zwischen 1991 und 1994 _____ .

(als Psychologe gearbeitet)

j) Seit 1994 _____ .

(Kneipenbesitzer sein)

7 *haben* **oder** *sein*?

Ergänzen Sie die Verben im Perfekt.

a) Was _*hast*_ du letztes Wochenende _*gemacht*_ (machen)? – Da _____ ich
    _____ (umziehen). Das war vielleicht stressig.

b) Was _____ denn _____ (passieren)? Ihr seht ja völlig fertig aus. – Wir _____ die
    ganze Nacht _____ (feiern).

c) Und, wohin _____ ihr nun _____ (verreisen)? – Also, Karl _____ nach Südtirol
    _____ (fahren) und ich _____ nach Mallorca _____ (fliegen). Wir _____
    uns prima _____ (erholen).

d) Na, ihr _____ heute doch Zeugnisse _____ (bekommen), oder? – Nein, wie kommst du
    denn darauf?

e) Was _____ eigentlich aus unserem „ewigen Studenten" _____ (werden)? – Das letzte
    Mal, als ich ihn _____ _____ (treffen), war er frisch verliebt und _____ eine Aus-
    bildung zum Buchhändler _____ (beginnen).

übungen

Übungen zu Teil B

8 **Buchstabensalat**

Suchen Sie neun Präteritumformen. Ergänzen Sie auch das Partizip II und den Infinitiv.

O	M	S	A	H	N	M	I	B	R
E	R	C	D	A	C	H	T	E	B
S	C	H	L	I	E	F	D	G	I
T	U	R	T	Z	B	J	K	A	Y
B	L	I	E	B	S	G	I	N	G
B	X	E	O	T	R	A	F	N	P
L	A	B	E	K	A	M	T	R	K
W	B	R	A	C	H	T	E	U	N

Infinitiv	Präteritum sie/er/es/man	Partizip II
denken	dachte	gedacht

Infinitiv	Präteritum sie/er/es/man	Partizip II

9 **Rainer Maria Rilke**

Unterstreichen Sie die Präteritumformen und ergänzen Sie den Infinitiv.

Der Dichter Rainer Maria Rilke <u>kam</u> am 4. Dezember 1875 in Prag zur Welt. Seine Eltern trennten sich, als er zehn Jahre alt war. Sie schickten ihn in eine Militär-schule. Die Schule gefiel ihm überhaupt nicht und er fing an zu schreiben. Sein erster Gedichtband erschien bereits 1895, weitere Lyriksammlungen und Erzählungen folgten. Nach Heirat und Geburt der Tochter Ruth hatte die junge Familie wenig Geld und Rilke musste sehr viel arbeiten. Nach dem Krieg wurde er tschechischer Staatsbürger und lebte dann im Wallis (Schweiz). Hier schrieb er sein

Hauptwerk, die „Duineser Elegien". Rilke erkrankte an Leukämie und starb am 29. Dezember 1926 in Val-Mont.

Verben **ohne** Vokalwechsel	Verben **mit** Vokalwechsel
	kam = kommen

10 **Erich Kästner**

Ergänzen Sie die Verben im Präteritum.

Der Schriftsteller Erich Kästner *wurde* _____ *(werden)* (1) am 23. Februar 1899 in Dresden geboren. Nach der Volksschule _____ *(besuchen)* (2) Kästner ein Lehrer-Seminar in Dresden. Die Erziehungsmethoden dort _____ *(gefallen)* (3) ihm nicht. Nach seinem Abitur _____ *(studieren)* (4) er Germanistik, Geschichte, Philosophie und Theaterwissenschaft. 1927 _____ *(gehen)* (5) Kästner nach Berlin, wo er für verschiedene Zeitungen und Zeit-schriften _____ *(schreiben)* (6). Sein erster Gedichtband „Herz auf Taille" _____ *(erscheinen)* (7) 1928. Kästner _____ *(arbeiten)* (8) auch als Erzähler, Dramatiker, Hörspiel- und Drehbuch-

autor. Berühmt _____ *(sein)* (9) er jedoch vor allem als Kinder-buchautor („Emil und die Detektive", „Pünktchen und Anton", „Das fliegende Klassenzimmer", „Das doppelte Lottchen" etc.). 1933 _____ *(verbrennen)* (10) die Nationalsozialisten seine Bücher und er _____ *(dürfen)* (11) seine Bücher in Deutschland nicht mehr veröffentlichen. Nach dem Zweiten Weltkrieg _____ *(leben)* (12) Kästner in München, wo er am 29. Juli 1974 _____ *(sterben)* (13).

11 „Ein männlicher Briefmark"

Ergänzen Sie die Präteritumformen.

lieben ◆ wollen ◆ ~~erleben~~ ◆ kleben

EIN MÄNNLICHER BRIEFMARK

EIN MÄNNLICHER BRIEFMARK _erlebte_
WAS SCHÖNES, BEVOR ER _____.
ER WAR VON EINER PRINZESSIN BELECKT.
DA WAR DIE LIEBE IN IHM ERWECKT.

ER _____ SIE WIEDERKÜSSEN,
DA HAT ER VERREISEN MÜSSEN.
SO _____ ER SIE VERGEBENS.
DAS IST DIE TRAGIK DES LEBENS.

Joachim Ringelnatz

Übungen zu Teil C

12 Wortschatz

Ergänzen Sie die Verben.

sagen ◆ riechen ◆ schmecken ◆ hören ◆ ~~sehen~~

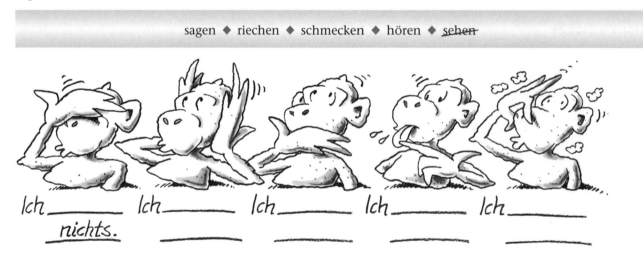

Ich _____   Ich _____   Ich _____   Ich _____   Ich _____
nichts.   _____   _____   _____   _____

13 Wortschatz 1

Ergänzen Sie die Artikel und, wenn nötig, die Endungen.

-ung ◆ -nis ◆ -keit

a) _die_ Erfahr_ung_   c) _____ Gefühl_____   e) _____ Persönlich_____
b) _____ Gedächt_____   d) _____ Gehirn_____   f) _____ Stimm_____

14 **Wortschatz 2**

Ergänzen Sie die Begriffe aus Übung 13.

a) Es ist einfach unglaublich, was du dir alles merken kannst. Du hast einfach ein phänomenales
_Gedächtnis_____.

b) Mein _____ sagt mir, dass er morgen kommt. – Wenn du dich da mal nicht täuschst!

c) Ich verstehe das einfach nicht. Die Aufgabe ist zu schwierig. – Na, dann musst du dein
_____ eben mal etwas anstrengen.

d) Hier ist ja eine tolle _____! – Wir haben auch allen Grund zu feiern. Die Prüfung ist
geschafft.

e) Könntest du mir nicht einen Tipp geben? Du kennst dich da besser aus und hast einfach auch mehr
_____. – Ich denke, das Wichtigste ist, sich ruhig zu verhalten und abzuwarten.

f) Wie würdest du seine Person einschätzen? – Schwierig zu sagen, er hat auf jeden Fall eine sehr starke
_____ und eine sehr angenehme Ausstrahlung.

15 **Kindheitserinnerungen**

Ergänzen Sie *als* oder *wenn*.

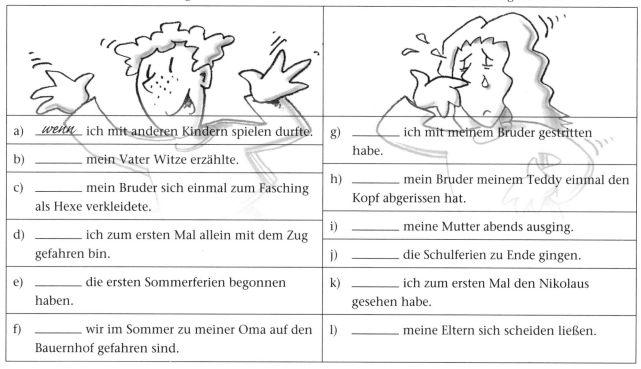

Wann waren Sie glücklich?	Wann waren Sie unglücklich?
a) _wenn_ ich mit anderen Kindern spielen durfte.	g) _____ ich mit meinem Bruder gestritten habe.
b) _____ mein Vater Witze erzählte.	
c) _____ mein Bruder sich einmal zum Fasching als Hexe verkleidete.	h) _____ mein Bruder meinem Teddy einmal den Kopf abgerissen hat.
d) _____ ich zum ersten Mal allein mit dem Zug gefahren bin.	i) _____ meine Mutter abends ausging.
	j) _____ die Schulferien zu Ende gingen.
e) _____ die ersten Sommerferien begonnen haben.	k) _____ ich zum ersten Mal den Nikolaus gesehen habe.
f) _____ wir im Sommer zu meiner Oma auf den Bauernhof gefahren sind.	l) _____ meine Eltern sich scheiden ließen.

16 **Erinnerungen**

Ergänzen Sie *als* oder *wenn*.

a) Woran denken Sie, _wenn_ Sie an Ihrer früheren Schule vorbeigehen?

b) Wie fühlen Sie sich, _____ Sie mit Ihrem Bruder oder Ihrer Schwester über Ihre gemeinsame Kindheit sprechen?

c) Was haben Sie gedacht, _____ Sie zum ersten Mal abends allein ausgegangen sind?

d) Wie haben Sie sich gefühlt, _____ Sie 18 Jahre alt wurden?

e) Wie haben Sie sich gefühlt, _____ Sie zum ersten Mal ohne Ihre Eltern in Urlaub gefahren sind?

f) Woran denken Sie, _____ Sie Ihre Eltern besuchen?

g) Wie haben Sie sich gefühlt, _____ Sie von zu Hause ausgezogen sind?

h) Was machen Sie, _____ Sie in der Nacht aufwachen?

i) Was haben Sie gemacht, _____ Sie Ihren ersten Liebeskummer hatten?

17 **Früher und heute**

Ergänzen Sie *als* oder *wenn*.

Was haben die Menschen früher gemacht, …
Was machen sie heute, …

a) _als_____ es noch keine Flugzeuge gab?

b) _____ sie in ferne Länder Reisen wollten?

c) _____ sie Urlaub haben?

d) _____ es noch keine Bücher gab?

e) _____ das elektrische Licht noch nicht erfunden war?

f) _____ sie reich werden wollen?

g) _____ es noch keine Kindergärten gab?

h) _____ sie noch nicht in die Schule gehen mussten?

i) _____ sie noch nicht wussten, dass die Erde rund ist?

j) _____ noch keine Eisenbahnen fuhren?

k) _____ sie keinen Job finden?

l) _____ sie heiraten wollten?

Übungen zu Teil E

18 **Plusquamperfekt 1**

Ergänzen Sie die Verbformen des Plusquamperfekts mit *haben*.

a) Ich _hatte____ gerade mein Frühstück _beendet_____ (beenden), da klingelte das Telefon.

b) Du _____ den Hörer _____ (auflegen), da klingelte es an der Wohnungstür.

c) Wir _____ gerade den Tisch _____ (decken), da erschienen auch schon die ersten Gäste.

d) Hattet ihr überhaupt noch Lust wegzugehen, nachdem ihr so lange _____ _____ (warten)?

e) Er hat sie nicht erkannt, obwohl sie sich vorher schon einmal _____ _____ (sehen).

f) Haben Sie sich gefreut ihn zu sehen, nachdem Sie so lange nichts mehr von ihm _____ _____ (hören)?

19 **Plusquamperfekt 2**

Ergänzen Sie die Verbformen des Plusquamperfekts mit *sein*.

a) Ich _war___ gerade _aufgestanden_____ (aufstehen), da klopfte es an der Tür.

b) Du _____ gerade _____ (weg gehen), als sie auftauchte.

c) Sie _____ immer pünktlich _____ (erscheinen), bis sie eine Uhr geschenkt bekam.

d) Wir haben uns in ein Café gesetzt, nachdem wir stundenlang durch den Park _____ _____ (laufen).

e) Die Nachricht erreichte sie erst, als sie zu Hause _____ _____ (ankommen).

f) Sie _____ also bereits nach rechts _____ (abbiegen), dann erst haben Sie die rote Ampel bemerkt?

20 **Der „Zuspätkommer"**

Ergänzen Sie die Sätze im Plusquamperfekt.

Herr Später kam wie immer zu spät …

a) zum Bahnhof, _da war der Zug bereits abgefahren_____ .

der Zug bereits abgefahren

b) ins Büro, _____ .

die Sitzung bereits begonnen

c) zu seiner Verabredung mit dem Makler, _____ .
   die Wohnung bereits verkauft worden

d) zur Party, _____ .
   die Gäste bereits nach Hause gegangen

e) zum Supermarkt, _____ .
   Tür bereits verschlossen

f) zu seiner Hochzeitsfeier, _____ .
   seine Braut einen anderen heiraten

21 Ein erfolgreicher Arbeitstag

Schreiben Sie Sätze mit *nachdem*.

a) Herr Karl die Wohnung verlassen   ein komisches Gefühl haben
b) zu lange auf den Bus warten   zu Fuß ins Büro gehen
c) eine Stunde gehen   Füße weh tun
d) eine halbe Stunde in der Sonne sitzen   einschlafen
e) zwei Stunden schlafen   aufwachen – direkt nach Hause gehen
f) zu Hause ankommen   die Kündigung schreiben

a) *Nachdem Herr Karl die Wohnung verlassen hatte, hatte er* _____ .
b) _____ .
c) _____ .
d) _____ .
e) _____ .
f) _____ .

Übungen zu Teil F

22 Die Blechtrommel

Welche Konjunktion passt? Markieren Sie die richtige Lösung.

a) Mit *drei Jahren* beschloss der kleine Oskar Matzerath nicht mehr zu wachsen und fiel die Kellertreppe hinunter.
   <u>Als/Bevor/Bis/Obwohl/Weil der kleine Oskar Matzerath drei Jahre alt war, beschloss er nicht mehr zu wachsen und fiel die Kellertreppe hinunter.</u>

b) Dies geschah *aus Protest* gegen die Welt der Erwachsenen.
   <u>Dies geschah, als/bevor/bis/obwohl/weil er gegen die Welt der Erwachsenen protestieren wollte.</u>

c) *Bis zum Ende des Krieges* trommelte er auf seiner blechernen Kindertrommel und schrie so laut, dass das Glas kaputtging, wenn er seinen Protest zeigen wollte.
   <u>Nachdem/Bevor/Bis/Obwohl/Weil der Krieg zu Ende war, trommelte er auf seiner blechernen Kindertrommel und schrie so laut, dass das Glas kaputtging, wenn er seinen Protest zeigen wollte.</u>

d) *Trotz des Ärgers* mit seinen Mitmenschen, änderte er sein Verhalten nicht.
   <u>Nachdem/Bevor/Bis/Obwohl/Weil er Ärger mit seinen Mitmenschen hatte, änderte er sein Verhalten nicht.</u>

e) *Nach Kriegsende* beschließt Oskar, wieder zu wachsen.
   <u>Nachdem/Bevor/Bis/Obwohl/Weil der Krieg zu Ende gegangen war, beschloss Oskar wieder zu wachsen.</u>

23 **Buchstabensalat**

Bringen Sie die Buchstaben in die richtige Reihenfolge. Finden Sie dann die jeweiligen Synonyme/Antonyme.

Synonyme

1 dlmasa _damals_   c   a) dann
2 nachad _____   [ ]   b) ständig
3 remim _____   [ ]   c) früher

Antonyme

4 rukz _____   [ ]   d) schließlich
5 zetjt _____   [ ]   e) lange
6 ein _____   [ ]   f) später
7 eurzst _____   [ ]   g) immer

24 **Endloswort**

Suchen Sie die Wörter und schreiben Sie sie.

EINPAARWOCHEN|STUNDENLANGLETZTESJAHRSEITDREIJAHRENNÄCHSTES
JAHRINZWEITAGENWOCHENLANGDIESESJAHRBISHEUTE

ein paar Wochen, _____

_____

_____

25 **Was passt?**

Unterstreichen Sie die richtige Lösung.

a) Sie kann sich _stundenlang_/zuerst/früher/später mit sich selbst beschäftigen. Das ist sehr angenehm.
b) Ich habe noch _nie/immer/jetzt/dann_ erlebt, dass er pünktlich erscheint. Man muss immer auf ihn warten.
c) Er hat mir gesagt, dass er etwas _oft/nie/ständig/später_ kommen wird.
d) Er lebt _zuerst/damals/seit zehn Jahren/letztes Jahr_ in Berlin und es gefällt ihm immer noch.
e) Er hat sich _schließlich/ständig/manchmal/immer_ dazu entschlossen, das Studium abzubrechen und eine Ausbildung zu machen.
f) Sie hat _später/wochenlang/letztes Jahr/früher_ ihr Abitur gemacht.
g) Ich treffe ihn _kurz/danach/oft/nie/zufällig_ in der Kneipe an der Ecke. Wir trinken dann meistens einen Espresso zusammen.
h) _Früher/Stundenlang/Schließlich/Kurz_ sind wir immer mit den Kindern in Urlaub gefahren. Doch seit sie groß sind, gehen sie eigene Wege.

26 **Zeitadverbien**

Ordnen Sie die Zeitadverbien auf einer Zeitskala.

gleich ◆ ~~früher~~ ◆ ~~morgen~~ ◆ heute ◆ jetzt ◆ gestern ◆ damals

früher, _____ _morgen_

oft ◆ manchmal ◆ ~~nie~~ ◆ selten ◆ ~~immer~~ ◆ meistens

nie, _____ _immer_

REISEN UND HOTELS

übungen

Übungen zu Teil A

1   Besuch einer Stadt

Ergänzen Sie die Lücken mit den Begriffen aus dem Kasten.

Park ◆ Zoo ◆ Schloss ◆ Museum (2x) ◆ Rathaus ◆ Kirche ◆ Aussichtsturm

a)
b)
c)
d)
e)
f)
g)

a) Das Herz dieser Stadt ist der *Marienplatz* mit dem Alten und Neuen ___Rathaus___, dessen Glockenspiel um 11 Uhr erklingt.

b) Einen schönen Blick über die Stadt bieten der _____ des *Alten Peter* und der *Olympiaturm* im Olympiapark.

c) Die bekannteste _____ der Stadt ist der *Liebfrauendom*.

d) Das meistbesuchte _____ ist und bleibt das *Deutsche* _____; es enthält die größte Sammlung für Technik-Geschichte der Welt.

e) Der wohl größte und älteste _____ nahe der Innenstadt ist der *Englische Garten*. Er ist einer der beliebtesten Landschaftsgärten.

f) Ein _____ der besonderen Art ist der *Tierpark Hellabrunn*. Unter den rund 5000 Tieren gibt es 450 verschiedene Arten.

g) Ludwig II. hat seine romantischen Träume in den schönsten Landschaften südlich der Residenzstadt verwirklicht: Das wohl bekannteste _____ ist *Neuschwanstein* bei Füssen.

Wie heißt diese Stadt wohl? Sie wird übrigens auch das „Millionendorf" genannt. _____

Die Reiseleiterin

Machen Sie Vorschläge und Gegenvorschläge.

Sie arbeiten als Reiseleiterin der Stadt und machen Ihrer Reisegruppe Vorschläge. Die Reisegruppe ist jedoch mit Ihren Vorschlägen nicht zufrieden und äußert Gegenvorschläge.

Reiseleiterin	Reisegruppe
Schreiben Sie Sätze mit *könnten* und *sollten*:	Schreiben Sie Sätze mit *würden (aber) lieber*:
a) in den Biergarten im Englischen Garten gehen *(könnten)*	– ins Hofbräuhaus gehen
b) unbedingt die Ausstellung in der Alten Pinakothek besuchen *(sollten)*	– ins Deutsche Museum gehen
c) die Oper im Nationaltheater ansehen *(sollten)*	– das Fußballspiel im Olympiapark anschauen
d) im Tierpark Hellabrunn spazieren gehen *(könnten)*	– einen Einkaufsbummel in der Maximilianstraße machen
e) auf den Turm des „Alten Peter" steigen *(könnten)*	– mit dem Lift auf den Olympiaturm fahren

a) *Wir könnten in den Biergarten im Englischen Garten gehen. – Wir würden aber lieber ins Hofbräuhaus gehen.*

b) _____

_____

c) _____

_____

d) _____

_____

e) _____

_____

Übungen zu Teil B

3 Wortschatz

Ersetzen Sie die *kursiven* Satzteile durch die Begriffe im Kasten.

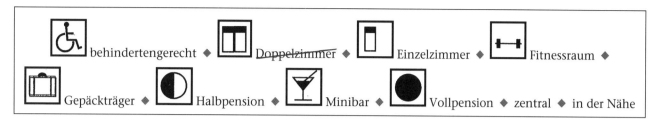

behindertengerecht ◆ ~~Doppelzimmer~~ ◆ Einzelzimmer ◆ Fitnessraum ◆
Gepäckträger ◆ Halbpension ◆ Minibar ◆ Vollpension ◆ zentral ◆ in der Nähe

a) Wir hätten gerne *ein Zimmer für zwei Personen*.
   <u>Doppelzimmer</u>

b) Ich möchte ein *Zimmer für eine Person* reservieren.
   _____

c) Wie viel kostet ein Zimmer mit *Frühstück und einer warmen Mahlzeit?*
   _____

d) Haben Sie noch ein Zimmer mit *Frühstück und zwei warmen Mahlzeiten* frei?
   _____

e) Gibt es auf den Zimmern einen *Schrank mit Erfrischungsgetränken?*
   _____

f) Ist Ihr Hotel auch *für Rollstuhlfahrer ausgestattet?*
   _____

g) Würden Sie bitte *die Person* rufen, *die meine Koffer auf das Zimmer trägt?*
   _____

h) Gibt es bei Ihnen *die Möglichkeit, etwas Sport zu machen?*
   _____

i) Liegt Ihr Hotel *mitten in der Stadt?*
   _____

j) Ist das Hotel *nicht weit von der Messe entfernt?*
   _____

4 Welche Antwort passt?

Markieren Sie die richtigen Antworten.

1 Hotel Bayerischer Hof, Ackermann, grüß Gott.
  - [ ] a) Gut, danke. Und Ihnen?
  - [X] b) Guten Tag. Vordermann, mein Name. Ich möchte ein Zimmer für das kommende Wochenende reservieren.
  - [ ] c) Nein, danke. Ich brauche keine Hilfe.

2 Doppelzimmer oder Einzelzimmer?
  - [ ] a) Ein Doppelzimmer, bitte.
  - [ ] b) Ein Zimmer, bitte.
  - [ ] c) Ja, wir haben ein Doppelzimmer.

3 Können Sie mir sagen, wann Sie ankommen? Freitag oder Samstag?
  - [ ] a) Wir fahren am Samstag.
  - [ ] b) Sehr früh morgens.
  - [ ] c) Am Freitagnachmittag.

4 Wissen Sie schon, wie lange Sie bleiben möchten?
  - [ ] a) Bis Sonntag. Also zwei Nächte.
  - [ ] b) Ja, wir bleiben recht lange in München.
  - [ ] c) Einen Moment, bitte.

5 Möchten Sie Vollpension oder Halbpension? Oder nur Übernachtung mit Frühstück?
  - [ ] a) Nein danke, wir frühstücken nie.
  - [ ] b) Nur Frühstück, bitte.
  - [ ] c) Ja, mit Voll- und Halbpension.

6 Benötigen Sie einen Parkplatz?
  - [ ] a) Nein, wir haben genug Platz.
  - [ ] b) Ja, Sie kommen immer mit dem Auto.
  - [ ] c) Ja, wir brauchen eine Parkmöglichkeit.

5   Ein sonderbarer Gast!

Schreiben Sie die *kursiven* Wörter in der richtigen Reihenfolge.

a) Ich wollte fragen, *ein Doppelzimmer – gibt – ob – es – noch – ohne Dusche.*
   . . . , ob es noch ein Doppelzimmer ohne Dusche gibt.

b) Bitte sagen Sie mir, *welches – ist – das lauteste Zimmer.*
   _____

c) Verraten Sie mir bitte, *die Küche – ist – wo.*
   _____

d) Darf ich fragen, *wecken – der Weckdienst – ob – auch zu Hause – mich – kann?*
   _____

e) Können Sie mir bitte sagen, *wäscht – hier – meine schmutzige Wäsche – wer?*
   _____

f) Ich möchte noch wissen, *ich – überhaupt – bezahlen – für das Zimmer – ob – muss.*
   _____

g) Ich habe keine Ahnung, *bin – ich – in dieses Hotel – wie – gekommen.*
   _____

6   Schreiben Sie nun die direkten Fragen aus Übung 5.

a) *Gibt es noch ein Doppelzimmer ohne Dusche?* _____

b) _____

c) _____

d) _____

e) _____

f) _____

g) _____

7   Ein sonderbarer Hotelangestellter!

Schreiben Sie die indirekten Fragen. Achten Sie auch auf die Satzzeichen am Ende.

a) Wann duschen Sie?
   Können Sie mir sagen, *wann sie duschen?* _____

b) Wie lange möchten Sie schlafen?
   Wissen Sie schon, _____

c) Soll das Zimmer laut sein?
   Sagen Sie mir doch bitte noch, _____

d) Telefonieren Sie in der Nacht?
   Dann muss ich noch wissen, _____

e) Wie viele Zigaretten rauchen Sie pro Tag?
   Sagen Sie mir doch bitte noch, _____

f) Wollen Sie im Keller übernachten?
   Haben Sie schon überlegt, _____

g) Was ärgert Sie besonders?
   Gibt es noch etwas, _____

8 Urlaub ohne Maunzi

Unterstreichen Sie noch drei falsche Nebensätze und korrigieren Sie sie.

Sehr geehrte Damen und Herren,

meine Frau und ich würden gern für eine Woche verreisen. Leider ist es uns nicht möglich, unseren Kater Maunzi auf diese Reise mitzunehmen. Wir möchten ihn aber auf keinen Fall in ein Tierheim geben. Nun haben wir auf Ihrer Homepage gelesen, dass Sie in Ihrem Tierhotel „de luxe" für diese Fälle einen besonderen Service anbieten.

Wir möchten uns nun gerne erkundigen, welche Angebote Sie unserem kleinen Maunzi können bieten. Außerdem möchten wir fragen, ob er könnte in einem Einzelzimmer schlafen, da er sich nicht besonders gut mit anderen Katzen versteht. Er ist eher ein Einzelgänger. Man muss sich besonders liebevoll um ihn kümmern. Deshalb würde es uns auch interessieren, wie viele Pfleger stehen dafür zur Verfügung.

Bitten teilen Sie uns doch auch mit, wie teuer ist ein Einzelzimmer für unseren Maunzi und was wir sollen für ihn einpacken.

Wir bedanken uns im Voraus und freuen uns auf eine Antwort.

Mit freundlichen Grüßen

Lothar und Hildegard Schnecke

Übungen zu Teil C

9 Adjektive 1

Bilden Sie Adjektive aus den Nomen mit den Endungen aus dem Kasten.

-los ◆ -voll ◆ -ig ◆ -lich ◆ -isch

a) jede Stunde *stündlich*
b) voll Geduld _____
c) mit Vernunft _____
d) voll Gefühl _____
e) jeden Monat _____
f) ohne Arbeit _____
g) per Telefon _____

h) voll Ruhe _____
i) ohne Pause _____
j) voll Freundschaft _____
k) wie es gerade Mode ist _____
l) ohne Rat _____
m) mit Vorsicht _____
n) voll Humor _____

10 Adjektive 2

Bilden Sie Adjektive mit -lich und -isch.

a) der Alltag _alltäglich_
b) die Elektronik _____
c) der Ärger _____
d) der Beruf _____
e) das Europa _____
f) der Freund _____
g) der Frieden _____
h) die Demokratie _____
i) die Gesundheit _____

j) der Mensch _____
k) die Natur _____
l) die Person _____
m) der Sport _____
n) der Staat _____
o) die Politik _____
p) der Mund _____
q) die Schrift _____

Übungen zu Teil D

11 Missverständnisse

Ergänzen Sie die Personalpronomen im Akkusativ.

Silke und Wolfgang wollen für einen Monat verreisen. Vor der Abreise gibt es noch einige Fragen zu klären.

● Hast du die Flugtickets abgeholt?

▲ Nein, ich dachte, du wolltest sie _sie_ (1) nach der Arbeit besorgen.

● Hast du das Hotel reserviert?

▲ Nein, ich dachte, du wolltest _____ (2) reservieren.

● Hast du deine Mutter über unsere Abreise informiert?

▲ Nein, ich dachte, du wolltest _____ (3) anrufen.

● Hast du den Wagen reparieren lassen?

▲ Nein, ich dachte, du wolltest _____ (4) noch in die Werkstatt bringen.

● Hast du deiner Schwester gesagt, dass wir alleine fahren?

▲ Nein, ich dachte, du wolltest ihr sagen, dass wir ohne _____ (5) fahren. Warum wartet sie eigentlich schon unten auf _____ (6)?

● Weißt du eigentlich, dass ich große Lust habe ohne _____ (7) beide in Urlaub zu fahren?

▲ Nein, weiß ich nicht, aber ich dachte eher daran, allein mit meiner Schwester zu fahren.

12 Lobrede zum 60. Geburtstag

Ergänzen Sie *ihn* oder *ihm*.

Wie soll ich _ihn_ (1) beschreiben, meinen Hans? Ich habe _____ (2) als treuen Ehemann erlebt. Das hat sich bis heute nicht geändert, meine Kinder kennen _____ (3) als verständnisvollen Vater, der auf alles eine Antwort weiß. Sie sind inzwischen erwachsen, doch kommen sie noch oft und fragen _____ (4) um seinen Rat. Nichts ist _____ (5) zu viel. Kein Problem, für das es nicht auch eine Lösung gibt, sagt er immer. Von _____ (6) erhoffen sich alle Hilfe und keiner wird enttäuscht. Ich kann mich nicht erinnern, mich jemals über _____ (7) geärgert zu haben und wir kennen uns nun schon sehr lange: Immerhin habe ich 40 Jahre meines Lebens mit _____ (8) verbracht. Ich sehe _____ (9) noch vor mir, den schönen jungen Mann, der meine Eltern fragte, ob er mich heiraten darf. Ach, das waren noch Zeiten, all die romantischen Stunden, die ich mit _____ (10) verbringen durfte und noch darf. Ein Leben ohne _____ (11)? Das kann ich mir gar nicht vorstellen. Ich wünsche _____ (12) und uns noch viele glückliche Jahre.

13 Hochzeitsrede der besten Freundin

Ergänzen Sie *sie* oder *ihr*.

So, nun trifft es _sie_ (1) auch, unsere Johanna. Auch sie ist nun in festen Händen – was man lange nicht von _____ (2) behaupten konnte. Ihr Leben war nicht nur für _____ (3) ein Abenteuer, sondern für viele, die _____ (4) kennen lernten. Ich möchte nur einige wenige Beispiele erwähnen: Alex zum Beispiel ist mit _____ (5) und mit dem Motorrad vier Wochen lang durch die Wüste gefahren. Jörg hat _____ (6) beim Trampen in Indien getroffen. Ohne _____ (7) hätte Matthias sicherlich nie die Radtour durch Australien gemacht. Es gibt noch viele Geschichten von _____ (8), die ich gar nicht alle erzählen kann. Es stellt sich für mich natürlich vor allem die Frage, was _____ (9) am meisten gefallen hat in ihrem aufregenden Leben. Wir haben die Antwort gefunden: Jens. Es ist uns ein Rätsel, Jens, wie du es geschafft hast, _____ (10) zur Ruhe zu bringen, mit _____ (11) gemeinsam ein kleines Häuschen im Grünen zu bewohnen, mit einem kleinen Garten, der _____ (12) große Freude bereitet. Wir haben dich noch vor _____ (13) gewarnt, aber es war nicht notwendig. Du musstest keine Viertausender besteigen oder die Welt umsegeln. Wir wünschen euch beiden viel Glück!

14 Zum Goldenen Hochzeitstag

Ergänzen Sie *sie* oder *ihnen*.

■ Stell dir vor, meine Eltern feiern heute ihren 50. Hochzeitstag: 50 Jahre gemeinsame Ehe, das ist doch eine Leistung.

● Und hast du _sie_ (1) schon angerufen und _____ (2) gratuliert?

■ Nein, aber ich habe _____ (3) etwas geschickt, es soll eine Überraschung werden.

● Womit willst du _____ (4) denn überraschen?

■ Mit einem Gutschein für ein Wochenende in dem Ort, wo sie sich kennen gelernt haben. Das war ein kleines einsames Dorf im Tessin.

● Das ist ja eine nette Idee. Das wird _____ (5) sicherlich sehr freuen.

■ Das hoffe ich doch, es ist nämlich nicht so leicht _____ (6) etwas zu schenken.

15 Die Kündigung

Ergänzen Sie *Sie* oder *Ihnen*.

Sehr geehrter Herr Brause,

ich möchte _Ihnen_ (1) hiermit mitteilen, dass ich morgen nicht mehr in die Arbeit komme.

Das überrascht _____ (2) vielleicht. Ich wollte es _____ (3) jedoch schon lange

sagen. Wie _____ (4) sicherlich wissen, bin ich ein sehr geduldiger und hilfsbereiter

Mensch, doch die viele Arbeit, die ich täglich von _____ (5) bekommen habe, und der

Ärger dazu, nein, das war einfach zu viel.

Schon um 7 Uhr sollte ich für _____ (6) Kaffee kochen, _____ (7) das Frühstück

zubereiten und Ihren chaotischen Schreibtisch aufräumen. Außerdem musste ich viele Termine

für _____ (8) vereinbaren, die Sie dann vergessen haben. Die Gäste waren dann natürlich

sauer auf _____ (9), aber sie haben immer mit mir geschimpft, obwohl ich doch gar nichts

dafür konnte. Nein, das ertrage ich nicht mehr, meine Nerven sind ruiniert: Ich kündige hiermit.

Ich wünsche _____ (10) alles Gute für die Zukunft und grüße _____ (11).

Ihre ehemalige Sekretärin

Susanne Sitzko

16 Satzsalat

Bringen Sie die Wörter in die richtige Reihenfolge.

a) **Dein Anruf** – mich – sehr – überrascht.
   Dein Anruf überrascht mich sehr.

b) **Hast** – du – informiert – ihn?
   _____

c) **Ich** – ihm – schreibe – eine E-Mail.
   _____

d) **Ich** – um – eine Antwort – bitte – dich.
   _____

e) **Ich** – die Schlüssel – bringe – dir.
   _____

f) **Er** – sie – wie – eine Angestellte – behandelt.
   _____

g) **Gibst** – den Zucker – du – mir – **bitte**?
   _____

h) **Ich** – habe – das Geld – zurückgegeben – dir – doch.
   _____

i) **Gestern** – begegnet – bin – ich – zufällig – ihm.
   _____

17 Pronomen im Akkusativ und Dativ

Ersetzen Sie die Ergänzungen jeweils durch Pronomen und schreiben Sie die Sätze.

a) das Taxi – der Gast *(bestellen)*

   Können Sie es dem Gast bestellen? – Können Sie ihm das Taxi bestellen? – Können Sie es ihm
   bestellen?

b) die Rechnung – die Gäste *(geben)*

   Können Sie sie den Gästen geben? – Können Sie ihnen

c) der Schlüssel – das Zimmermädchen *(überreichen)*

d) Zimmer 109 – die Dame *(reservieren)*

e) die Parkplätze – der Herr *(zeigen)*

18 Der fleißige Sekretär

Schreiben Sie zwei mögliche Antworten.

Sie sind ein viel beschäftigter Hotelmanager. Ihr Sekretär muss deshalb auch viel Privates für Sie erledigen. Sie fragen nach, ob er alles erledigt hat. Er antwortet Ihnen.

a) Geburtstagskarte Großmutter

   Und die Geburtstagskarte für meine Großmutter?
   Ich habe sie ihr bereits geschickt.
   Die habe ich ihr bereits geschickt.

b) Buch „Harry Potter" Nichte

c) Einladung – Schwiegereltern

d) Blumen – Ehefrau

e) Zigarren – Schwiegervater

f) Brief – Bruder

19   Richtungsangaben

Schreiben Sie.

> Entschuldigen Sie, wie komme ich zum Bahnhof?

a)   Gehen Sie hier immer _geradeaus_____.

b)   Gehen Sie _____ Brücke.

c)   Gehen Sie den Fluss _____.

d)   Gehen Sie _____ Theater.

e)   Gehen Sie hier _____.

f)   Gehen Sie _____ den Park _____.

g)   Gehen Sie _____ Hopfenstraße.

h)   Gehen Sie _____ Friedhof _____.

i)   Gehen Sie hier _____.

j)   Gehen Sie _____.

20   Wegauskünfte

Ergänzen Sie die Lücken.

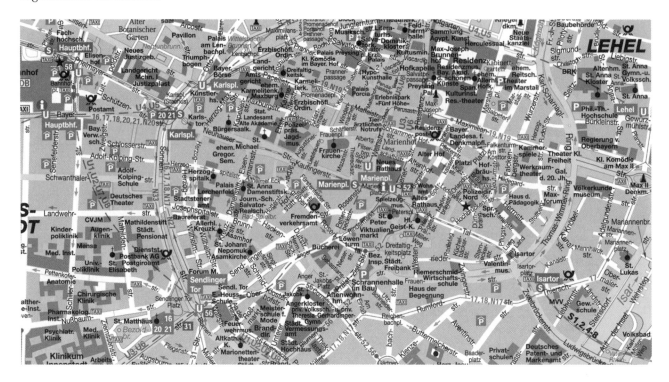

a)

> bis zur ◆ in die (2x) ◆ geradeaus ◆ ~~bis zum~~ ◆ am ... vorbei ◆ ~~entlang~~ (2x) ◆ über (2x) ◆ durch

● Entschuldigen Sie bitte, wo ist denn der Hofgarten?

■ Da gehen Sie hier am besten hier links, dann die Prielmayerstraße _entlang_ (1) _bis zum_ (2) Karlsplatz. Dort biegen Sie nach links _____ _____ (3) Sonnenstraße, dann immer _____ (4), _____ Maximiliansplatz _____ (5). Sie biegen dann _____ _____ (6) Jungfernturmstraße, gehen _____ (7) den Amiraplatz _____ _____ (8) Briennerstraße, dann nach rechts die Briennerstraße _____ (9), _____ (10) den Odeonsplatz, _____ (11) das Tor der Residenz, dann stehen Sie im Hofgarten.

● Vielen Dank.

b)

> geradeaus (2x) ◆ in die (2x) ◆ entlang ◆ am ... vorbei ◆ über (4x) ◆ durch ◆ bis zum

▲ Können Sie mir sagen, wie wir zum Deutschen Museum kommen?

■ Zum Deutschen Museum? Natürlich. Gehen Sie am besten hier _____ (1) den Bahnhofsplatz in die Schützenstraße, dann kommen Sie _____ _____ (2) Fußgängerzone, gehen _____ den Karlsplatz _____ _____ (3) Neuhauserstraße, dann weiter _____ (4), _____ Deutschen Jagd- und Fischereimuseum _____ (5), _____ (6) den Marienplatz, _____ (7) das Tor des Alten Rathauses und dann immer _____ (8), die Zweibrückenstraße _____ (9), _____ (10) die Ludwigsbrücke, da sehen Sie dann schon auf der rechten Seite das Deutsche Museum.

▲ Ist das weit entfernt?

■ Na ja, Sie gehen ungefähr 20 Minuten zu Fuß. Sie können von hier aus auch die S-Bahn nehmen _____ _____ (11) Isartor.

▲ Das ist eine gute Idee. Vielen Dank.

c)

> am ... vorbei ◆ bis zum (3x) ◆ geradeaus ◆ bis zur ◆ in die (3x) ◆ gegenüber vom

◆ Wissen Sie, wo der Alte Südfriedhof ist?

■ Natürlich, gehen Sie hier von hier aus nach rechts _____ _____ (1) Bayerstraße _____ _____ (2) Karlsplatz, biegen Sie dann nach rechts _____ _____ (3) Sonnenstraße, dann immer _____ (4) _____ _____ (5) Sendlinger Tor. Gehen Sie links _____ Sendlinger Tor _____ (6) _____ _____ (7) Kreuzung Thalkirchnerstraße/Müllerstraße. Biegen Sie nach rechts _____ _____ (8) Thalkirchnerstraße, nach ca. 100 Metern treffen Sie auf den Eingang des Alten Südfriedhofs.

◆ Können wir auch öffentliche Verkehrsmittel nehmen?

■ Ja, die Straßenbahnstation ist _____ _____ (9) Haupteingang des Bahnhofs, dort steigen Sie in die 17 oder 18 und fahren _____ _____ (10) Sendlinger Tor. Von dort aus gehen Sie weiter, wie ich Ihnen beschrieben habe.

◆ Vielen Dank für die Auskunft.

21 **Wortsalat: Was für ein Wetter!**

Schreiben Sie die Wörter richtig.

a) DERONN _Donner_

b) DERLAGNIESCH _____

c) AUSCHER _____

d) SCHENE _____

e) LOKEW _____

f) WITTGEER _____

g) MSTRU _____

h) STFRO _____

22 **Wortschatz**

Bilden Sie Adjektive mit -ig und -isch.

a) Frost _frostig_

b) Nebel _____

c) Regen _____

d) Sonne _____

e) Wind _____

f) Gewitter _____

g) Sturm _____

h) Wolke _____

23 **Sätze rund ums Wetter.**

Was passt? Unterstreichen Sie das richtige Wort.

a) Es ist sehr _bewölkt_/_stürmisch_/_nass_. Das sieht nach Regen aus.

b) Ist das eine Affenhitze! So _freundlich_/_heiß_/_klar_ war es schon lange nicht mehr.

c) Ich habe heute solch ein Kopfweh! – Kein Wunder bei dem _Blitz_/_Föhn_/_Donner_.

d) Morgen fahren wir zum Baden an den See. Im Wetterbericht haben sie ein _Hoch_/_Tief_/_Regen_ vorhergesagt.

e) Wie das blitzt und donnert! So ein _Gewitter_/_Hoch_/_Tief_ hatten wir schon lange nicht mehr.

f) Das ist vielleicht ein Wetter heute. Mal regnet es, mal scheint die Sonne. So richtig _mild_/_unbeständig_/_nass_.

g) Schon drei Tage _Schauer_/_Wolken_/_Nebel_. Man sieht ja die eigene Hand nicht vor den Augen.

h) Das ist ja wie in Sibirien. Es ist eisig _kalt_/_nass_/_stürmisch_.

i) So ein Sauwetter. _Dieser Regen_/_Dieses Hoch_/_Dieser Nebel_ geht mir ganz schön auf die Nerven.

Beziehungen

übungen

Übungen zu Teil A

1 Kontaktanzeigen

Ergänzen Sie die Endungen.

-voll ◆ -ig ◆ -isch ◆ -reich ◆ -lich

a)
Den König will ich …
und nicht den Prinzen. Bin niveau_voll_,
energ_____, sehr erfolg_____, groß
und schlank, dunkelhaar_____ und
sehr leidenschaft_____. Bist du mein
König? Dann melde dich! Chiffre 4586

c)
Zu anspruchs_____???
Den Mann will ich finden, der mich mit meinen Stärken und
Schwächen akzeptiert. Der natür_____ und humor_____ ist und
auch noch Kinder mag (2 Kinder). Bin sport_____, aber trotzdem
nicht superschlank. Ich (Akademikerin 38/1,69) weiß, dass es dich
gibt und freue mich auf deinen Brief. Chiffre 239

b)
**Keine Traumfrau gesucht, aber
eine Frau für den Rest des Lebens.**
Ich, 1944 geboren, 170/75 fanta-
sie_____, häus_____ und zuver-
läss_____. Süddeutscher Raum.
Chiffre 3495

d)
Romant_____e Realistin, Anfang 50,
intelligent und lebenslust_____. Sind
Sie ehr_____, zärt_____ und ge-
fühl_____ und haben den Mut eine
neue Beziehung aufzubauen? Sind Sie
ebenfalls groß, über 1,80, und ungebun-
den? Melden Sie sich unter Chiffre 459

e)
Genau dich suche ich, denn
ich habe genug von dummen
und langweil_____en Frauen.
Bist du ca. 60 Jahre und opti-
mist_____, so melde dich.
Chiffre 457

2 Wortschatz

Suchen Sie die Gegensätze. Achtung: Manche Adjektive bilden den Gegensatz mit der Vorsilbe -un.

hässlich ◆ verschlossen ◆ dick ◆ ~~dunkelhaarig~~ ◆ böse ◆ unsicher ◆ faul ◆ dumm

a) blond – _dunkelhaarig_

b) treu – _untreu_

c) offen – _____

d) schön – _____

e) intelligent – _____

f) sensibel – _____

g) lieb – _____

h) schlank – _____

i) selbstbewusst – _____

j) seriös – _____

k) aktiv – _____

3 Reflexivpronomen im Akkusativ 1

Ergänzen Sie.

a) Habt ihr _euch_ wieder gestritten?

b) Setzen Sie _____ doch bitte.

c) Wir bedanken _____ recht herzlich für Ihre Glückwünsche zum Geburtstag.

d) Sie langweilt _____ zu Hause und möchte ihren Urlaub doch lieber woanders verbringen.

e) Ich muss _____ leider schon verabschieden. Mein Mann wartet auf mich.

f) Melde _____ gleich morgen früh bei mir!

g) Sie entschuldigen _____ für die Verspätung.

4 **Reflexivpronomen im Akkusativ 2**

Ergänzen Sie.

a) Erinnere *mich* bitte daran, dass ich meine Mutter heute noch anrufe. Sie hat Geburtstag. – Also, da musst du schon selbst dran denken.

b) Ich habe _____ seit langem mal wieder so richtig verliebt. – In wen denn? Doch hoffentlich nicht in Oskar!

c) Treffen wir _____ heute Abend zum Grillen? – Ja, gerne, hoffentlich bleibt das Wetter schön.

d) Stellen Sie _____ vor, Sie haben ein ganzes Jahr lang Urlaub. Was würden Sie tun? – Erst einmal für ein paar Wochen ganz weit weg fliegen.

e) Setz _____ doch und geh nicht immer von einem Zimmer ins andere. – Nein, da werde ich nur noch nervöser.

f) Ist das nicht ein furchtbarer Tag heute? Ich langweile _____ schon, seit ich aufgestanden bin. – Geh doch ein bisschen spazieren, vielleicht kommst du dann auf andere Gedanken.

g) Weißt du, das Problem ist, dass sie _____ für so ganz andere Dinge interessiert als ich. Hast du _____ zum Beispiel schon einmal mit Astrologie beschäftigt? – Nein, das interessiert _____ auch nicht besonders.

h) Erholt _____ gut im Urlaub! – Danke, das haben wir auch wirklich nötig.

i) Ärgere _____ nicht mehr über ihn, es hat keinen Zweck, er wird sich nicht ändern. – Ja, du hast ja Recht.

j) Und, wie war euer Treffen gestern? Habt ihr _____ gut amüsiert? – Na ja, eigentlich nicht so, Ulrich ist am Schluss eingeschlafen.

k) Wir fahren für eine Woche weg. Könntet ihr _____ um unsere Blumen kümmern? – Ja klar, kein Problem.

l) Hast du _____ schon entschieden, mit wem du in Urlaub fährst? – Ehrlich gesagt, würde ich am liebsten alleine fahren. Da gibt es wenigstens keinen Ärger.

5 **Personalpronomen oder Reflexivpronomen im Akkusativ?**

Unterstreichen Sie das richtige Pronomen.

a) Wolltest du deine Schwester nicht mitbringen? Ich würde *sie/sich* gerne einmal kennen lernen.

b) Triffst du *dich/sich* heute mit Sonja? – Nein, sie hat *sie/sich* schon mit einer anderen Freundin verabredet.

c) Wie war eigentlich deine Verabredung mit dem Typ aus der Kontaktanzeige? – Ach ganz interessant. Er hat *mich/sich* abgeholt und dann sind wir schön essen gegangen.

d) Und, triffst du *dich/sich* noch einmal mit ihm? – Vielleicht, er wollte *ihn/sich* melden.

e) Ich gratuliere dir zu deiner Hochzeit. Das ging aber ganz schnell. – Ja, ich habe *sie/sich* gesehen und wusste: Das ist die Frau meines Lebens.

f) Wie siehst du denn aus? Du bist ja ganz verheult. Komm rein und setz *dich/sich* erst einmal. Was ist denn passiert? Hast du *dich/sich* wieder mit Martin gestritten? – Nein, viel schlimmer, ich habe *mich/sich* endgültig von ihm getrennt. Und wie hat er reagiert? – Ich weiß es nicht, ich habe ihm einen Brief geschrieben. Er wird *ihn/sich* heute Abend erst lesen.

6 Satzsalat

Bringen Sie die Wörter in die richtige Reihenfolge.

a) Sie beklagt sich, *dass er sich nie um sie kümmert.*_____
   dass – kümmert – er – sich – nie – um sie

b) _____, dass er so viel jammert.
   sie – sich – immer – ärgert

c) Sie sagt oft, dass es doch schön wäre, _____.
   verlieben – sich – wieder – zu

d) Doch sie _____.
   einfach nicht – kann – von ihm – sich – trennen

e) Sie ist sich auch sicher, _____.
   sich – er – nicht mehr – dass – verändert

f) Er _____.
   sich – jedes Mal – entschuldigt – für sein Verhalten

g) Und schließlich _____.
   sich – schon – hat – an ihn – gewöhnt – sie

h) Bitte _____, dass ich die Einladungen heute noch verschicke.
   mich – erinnere

i) Und wirst du Beate auch einladen? _____?
   schon – sie – sich – hat – entschuldigt

j) Ja, _____.
   mit ihr – mich – wieder – ich – habe – versöhnt

7 Vorwürfe

Ergänzen Sie die Präpositionen.

a) Kümmere dich mehr __*um*____ deine Kinder.

b) Beklag dich doch nicht dauernd _____ deine Arbeit.

c) Gewöhn dich doch endlich _____ meine Launen.

d) Du könntest dich auch einmal etwas netter _____ mir verabschieden.

e) Du könntest dich auch einmal mehr _____ meine Hobbys interessieren.

f) Du könntest dich doch mal _____ mir melden, wenn du auf Geschäftsreise bist.

g) Amüsiere dich bitte nicht _____ meine Fehler.

h) Ich möchte mich jetzt einfach etwas _____ dir erholen. Tschüs!

8 Wortschatz

Ergänzen Sie die passenden Wörter.

Partnerwahl ◆ ~~Gesprächspartner~~ ◆ Lebenspartner ◆ Partnerschaft ◆ Traumpartner

a) Mein heutiger _Gesprächspartner_ ist Professor Weininger von der Universität Köln.

b) Das Wichtigste in einer _____ ist das gegenseitige Vertrauen.

c) Die richtige _____ ist nach Meinung der Psychologen auch vom Zufall abhängig.

d) Mit meinem derzeitigen _____ wohne ich seit einem Jahr zusammen.

e) Ich weiß genau, wie mein _____ sein soll. Bis jetzt ist er mir allerdings noch nicht begegnet.

9 Redemittel zur Meinungsäußerung

Was passt? Markieren Sie.

nach der Meinung fragen

1 Sie fragen nach der Meinung.
- **X** a) Was hältst du/halten Sie von ...?
- ☐ b) Ich denke/meine, (dass) ...
- ☐ c) (Ich glaube,) das siehst du/sehen Sie falsch.

seine Meinung sagen

2 Sie sagen Ihre Meinung.
- ☐ a) Was meinst du/meinen Sie denn dazu?
- ☐ b) Da hast du/haben Sie Recht.
- ☐ c) Meiner Meinung nach ...

(feste) Überzeugungen ausdrücken

3 Sie drücken Ihre feste Überzeugung aus.
- ☐ a) Wirklich?
- ☐ b) Das ist schwer zu sagen.
- ☐ c) Ich bin (ganz) sicher, (dass) ...

Unsicherheit ausdrücken

4 Sie drücken Unsicherheit aus.
- ☐ a) Das ist (aber/doch) nicht richtig.
- ☐ b) Ich bin mir nicht sicher, ob ...
- ☐ c) Genau!

zustimmen

5 Sie stimmen zu.
- ☐ a) (Ja,) das sehe ich auch so.
- ☐ b) Das kommt (ganz) darauf an.
- ☐ c) Ich bin fest davon überzeugt, (dass) ...

vorsichtig widersprechen

6 Sie widersprechen vorsichtig.
- ☐ a) (Ganz) im Gegenteil: ...
- ☐ b) Kann sein, aber ...
- ☐ c) Das ist doch Unsinn!

klar widersprechen

7 Sie widersprechen klar.
- ☐ a) Das kann man so und so sehen.
- ☐ b) Das stimmt.
- ☐ c) Das stimmt (aber/doch) nicht!

Übungen zu Teil C

10 Verliebt – verlobt – verheiratet – getrennt und geschieden

Ergänzen Sie die Sätze.

 sich verlieben

a) Sie _hat_ _sich_ mit 16 Jahren in ihn _verliebt_ .

 verlobt sein ◆ sich verloben ◆ Verlobung

b) Sie _____ _____ vor zehn Jahren mit ihrem Jugendfreund _____.

c) Die _____ war vor zehn Jahren.

d) Sie _____ seit zehn Jahren mit ihrem Jugendfreund _____.

 heiraten ◆ verheiratet sein ◆ Hochzeit

e) Sie _____ ihn vor einem Jahr _____.

f) Die _____ mit ihm war vor einem Jahr.

g) Sie _____ seit einem Jahr mit ihm _____.

 getrennt sein ◆ sich trennen ◆ Trennung

h) Sie _____ _____ dann nach ein paar Monaten von ihm _____.

i) Die _____ war vor ein paar Monaten.

j) Sie _____ seit ein paar Monaten von ihm _____.

 Scheidung ◆ sich scheiden lassen ◆ geschieden sein

k) Sie _hat_ _____ gestern von ihm _____ _____.

l) Die _____ war gestern.

m) Sie _____ seit gestern von ihm _____.

Nach 13 Jahren!

11 Verben mit Präpositionen 1

Ordnen Sie zu. Es gibt immer zwei Möglichkeiten.

1	Ihr entschuldigt	uns	a)	auf den Urlaub im nächsten Jahr.
2	Sie freuen	euch	b)	für die Verspätung.
3	Er bedankt	dich	c)	bei den Freunden.
4	Wir freuen	mich	d)	für die Postkarte aus dem Urlaub.
5	Du bedankst	sich	e)	über den überraschenden Besuch.
6	Ich entschuldige	sich		

12 Verben mit Präpositionen 2

Ergänzen Sie die passenden Verben und Präpositionen.

> sich freuen auf/über ◆ sich entschuldigen bei/für ◆ sich bedanken bei/für

a) _Freust_ du dich _auf_ deinen Urlaub? – Eigentlich schon, nur weiß ich noch nicht, was ich machen soll.

b) Musst du deine Schwester immer ärgern? Bitte _____ dich _____ ihr. – Aber sie hat doch mit dem Streit angefangen.

c) Komm doch einfach mal vorbei. Ich würde mich sehr _____ deinen Besuch _____. – Gerne.

d) Sag mal, sprecht ihr immer noch nicht miteinander? – Nein, Karl hat sich _____ sein Verhalten letzten Samstag noch nicht _____ mir _____.

e) Habt ihr euch _____ all den Leuten schon _____ die Glückwünsche zur Geburt _____? – Nein, wir sind immer noch dabei Karten zu verschicken.

f) Ich _____ mich _____ jede E-Mail, die ich bekomme. Aber leider habe ich keine Zeit zu antworten. – Das geht mir auch oft so.

Übungen zu Teil D

13 Verben rund um die Freundschaft

Dativ oder Akkusativ? Ergänzen Sie.

sie ◆ ihr

Sarah ist eine gute Freundin, denn ich

a) kann _ihr_ meine Probleme erzählen,

b) kann _____ vertrauen,

c) kann _____ die Meinung sagen,

d) kann _____ alles glauben,

e) kenne _____ so gut wie mich selbst.

mich ◆ mir

Ein guter Freund,

a) ruft _mich_ mich regelmäßig an,

b) hilft _____ in schwierigen Situationen,

c) schenkt _____ Blumen,

d) verabredet sich mit _____ zum Kino,

e) spricht mit _____ über seine Probleme,

f) ist für _____ sehr wichtig,

g) ist immer für _____ da.

14 Traumpartner 1

Bilden Sie Relativsätze im Nominativ.

| a) *Er* fährt gern schnelle Motorräder. |
| b) *Er* hat ein Segelboot an der Adria. |

Ich wünsche mir einen Freund,

a) *der gern schnelle Motorräder fährt.*

b) _____

| c) *Sie* träumt von einem kleinen Garten. |
| d) *Sie* singt laut und schön unter der Dusche. |

Ich wünsche mir eine Freundin,

c) _____

d) _____

| e) *Sie* gehen jeden Tag mit mir auf den Spielplatz. |
| f) *Sie* streiten sich nie. |
| g) *Sie* sind mir wichtiger als mein Gameboy. |

Ich wünsche mir Freunde,

e) _____

f) _____

g) _____

15 Traumpartner 2

Bilden Sie Relativsätze im Akkusativ.

| a) Ich würde *ihn* sofort heiraten. |

Ich wünsche mir einen Freund,

a) _____

| b) Ich kann *sie* täglich sehen. |
| c) Ich kann *sie* immer um Rat fragen. |

Ich wünsche mir eine Freundin,

b) _____

c) _____

| d) Ich kenne *sie* schon sehr lange. |
| e) Ich kann *sie* täglich anrufen. |

Ich wünsche mir Freunde,

d) _____

e) _____

16 **Traumpartner 3**

Bilden Sie Relativsätze im Dativ.

a) Ich würde *ihm* sofort mein neues Auto geben.
b) Meine Hobbys gefallen *ihm* auch.

Ich wünsche mir einen Freund,

a) _____

b) _____

c) Ich kann *ihr* alle meine Träume anvertrauen.
d) Ich schreibe *ihr* Liebesgedichte.

Ich wünsche mir eine Freundin,

c) _____

d) _____

e) Ich leihe *ihnen* gern meine neuen Computerspiele.

Ich wünsche mir Freunde,

e) _____

17 **Traumpartner 4**

Bilden Sie Relativsätze mit Präpositionen.

a) Ich reise *mit ihm* in ferne Länder.
b) Ich bekomme *von ihm* schöne Geschenke.

Ich wünsche mir einen Freund,

a) _____

b) _____

c) Ich möchte *mit ihr* romantische Stunden verbringen.
d) Ich verlobe mich *mit ihr*.

Ich wünsche mir eine Freundin,

c) _____

d) _____

e) Ich bin nie *auf sie* wütend.

Ich wünsche mir Freunde,

e) _____

f) Sie alle wünschen sich ein Leben, _____ sie glücklich macht und mit _____ sie zufrieden sind.

18 *was oder wo?*

Ergänzen Sie.

a) Ist das alles, _was_ du zu sagen hast?

b) Gibt es hier denn irgendwo einen Ort, _____ ich meine Ruhe habe?

c) Es ist einfach unglaublich, _____ es da zu sehen gibt.

d) Ich bin mit vielem, _____ er gesagt hat, nicht einverstanden.

e) Hast du etwas, _____ dich bedrückt?

f) Wie heißt denn das Dorf, _____ deine Eltern wohnen?

19 **Freundschaft ist ...**

Ergänzen Sie die Relativpronomen.

a) ... wie ein Passfoto, auf _dem_ ich mir gut gefalle.

b) ... wie ein Musikstück, _____ ich mir gerne täglich anhöre.

c) ... wie der Himmel, _____ keine Grenzen hat.

d) ... wie ein schöner Traum, _____ ich nicht vergesse.

e) ... wie ein Brief, über _____ ich mich freue.

f) ... wie ein Kind, _____ die Welt entdeckt.

g) ... wie ein Kleidungsstück, in _____ ich mich wohl fühle.

h) ... wie eine Sommerwiese, _____ voller Blumen ist.

i) ... wie ein alter Baum, _____ ich mein Leben erzähle.

j) ... wie ein Tagebuch, _____ ich mich anvertraue.

k) ... einfach alles, _____ das Leben schöner macht.

l) ... der Ort, _____ ich glücklich sein kann.

20 **Wortschatz**

Ergänzen Sie die Begriffe.

Bekannte ◆ Freund ◆ ~~Kollegin~~ ◆ Nachbar ◆ Verwandte

a) Und wie verstehst du dich mit deiner neuen _Kollegin_? – Zum Glück ganz gut, wir sitzen ja im gleichen Büro.

b) Was machst du denn am Wochenende? – Mein Vater feiert seinen 60. Geburtstag, da gibt's eine riesige Familienfeier mit unseren ganzen _____ _n._

c) Unsere _____ _n_ sind schon seltsam. Den ganzen Tag sieht und hört man nichts von ihnen und nachts brennt die ganze Zeit das Licht. – Frag sie doch mal, was sie beruflich machen.

d) Kommst du noch mit ins Café? Ich treffe dort noch eine _____, die ich im Urlaub kennen gelernt habe und die ich dir gerne vorstellen möchte. – Ja, gerne.

e) Heute bekomme ich Besuch von einem _____ aus meiner Jugendzeit. – Und, wie lange habt ihr euch schon nicht mehr gesehen?

21 *das* oder *dass*?

Ordnen Sie zu.

1 Sag ihm bitte, *b*

2 Siehst du ▢

3 Ich finde es furchtbar für Peter, ▢

4 Meinst du nicht, ▢

5 Er hat mir das Geld, ▢

6 „Männer sind anders. Frauen auch":
   Ist das das Buch, ▢

a) das ich ihm vor einem Monat geliehen habe, heute erst zurückgegeben.

b) dass ich ihn nicht mehr sehen möchte!

c) das Paaren hilft, sich wieder miteinander zu versöhnen?

d) dass es besser wäre, ihm die Wahrheit zu sagen?

e) dass Christine ihn verlassen möchte.

f) das Haus dort mit dem großen Garten? Dort wohnt ein guter Freund von mir.

Übungen zu Teil E

22 **Wortschatz**

Ergänzen Sie die Begriffe.

ein Jubiläum ◆ dem Gastgeber ◆ die Gäste ◆ eine Einladung ◆ den Geburtstag ◆ ein Examen ◆
ein Geschenk ◆ ~~die Party~~

a) Sie findet statt, beginnt und endet. _die Party_____

b) Man macht, besteht es oder feiert es. _____

c) Man feiert ihn, vergisst ihn oder notiert ihn. _____

d) Man besorgt es, kauft es oder bringt es mit. _____

e) Man begrüßt sie, erwartet sie oder lädt sie ein. _____

f) Man dankt ihm, sagt ihm ab oder sagt ihm zu. _____

g) Man hat es, begeht es oder feiert es. _____

h) Man bekommt sie, nimmt sie an oder lehnt sie ab. _____

23 **Reflexivpronomen im Dativ**

Ergänzen Sie.

a) Wir kaufen _uns___ am besten einen Stadtplan.

b) Hast du _____ ein schönes Spiel überlegt?

c) Er wünscht _____ ewige Treue von ihr.

d) Machen Sie _____ keine Sorgen.

e) Ich leihe _____ morgen gleich das Video aus.

f) Sie wollen _____ etwas ausdenken für die Party am Wochenende.

g) Habt ihr _____ schon den neuen Film mit Tom Cruise angeschaut?

24 *dich* oder *dir*?

Ergänzen Sie.

a) Entschuldige __dich__ bitte bei ihr!

b) Kaufst du _____ morgen etwas Schönes zum Anziehen?

c) Schau _____ die Aufgaben gut an!

d) Denk _____ einfach was Nettes aus.

e) Ärgere _____ nicht mehr, jetzt ist es vorbei.

f) Überlege _____ gut, was du machst.

g) Erinnerst du _____ noch an mich?

h) Leih _____ doch ein Buch aus, wenn du lesen möchtest.

i) Amüsiere _____ gut!

j) Fühlst du _____ wohl?

k) Melde _____ doch bitte bei deinen Eltern!

l) Stell _____ vor, es ist alles ganz anders gekommen.

m) Hast du _____ schon entschieden?

n) Triffst du _____ morgen mit deinen Freunden?

o) Kannst du _____ das überhaupt leisten?

p) Freust du _____ auf heute Abend?

q) Bedanke _____ bitte bei deiner Oma!

r) Bitte wasch _____ vor dem Essen die Hände.

s) Erhole _____ gut im Urlaub!

t) Beeile _____ bitte! Wir haben nicht mehr viel Zeit.

u) Besorg _____ doch endlich ein neues Fahr-rad!

v) Was wünschst du _____ zum Geburtstag?

w) Mach _____ keine Sorgen, es wird alles wieder gut.

25 **Wo steht das Reflexivpronomen?**

Markieren Sie.

a) Wann ☐ kaufst ☐ du ☒ endlich ☐ eine neue Hose? – Wieso? Die alte ist doch noch in Ordnung.

b) Wir ☐ möchten ☐ gerne ☐ die Ausstellung ☐ im Kunsthaus ☐ anschauen. Kommt ihr mit? – Mal sehen.

c) Denk ☐ doch ☐ selbst ☐ etwas ☐ aus. Immer machst du das Gleiche wie ich. – Das stimmt doch überhaupt nicht.

d) Wo ☐ habt ☐ ihr ☐ denn ☐ diesen tollen Kerzenleuchter ☐ gekauft? – In Prag, als wir das letzte Mal dort waren.

e) Was ☐ wünscht ☐ er ☐ eigentlich ☐ zum Geburtstag? – Keine Ahnung, da musst du ihn schon selbst fragen.

f) Ich ☐ würde ☐ am liebsten ☐ den neuen Film mit Harrison Ford ☐ anschauen, aber Stefan findet den so blöd. – Das ☐ kann ☐ ich ☐ vorstellen.

g) Hast ☐ du ☐ schon ☐ überlegt, wohin wir dieses Jahr in Urlaub fahren könnten? – Ehrlich gesagt, würde ich am liebsten zu Hause bleiben.

h) Maria hat gesagt, dass ☐ du ☐ die neue CD von den „Fantastischen Vier" ☐ besorgt ☐ hast. Könnte ☐ ich ☐ die mal ☐ ausleihen? – Klar, doch.

i) Hast du das gesehen? Die Nachbarn haben schon wieder ein neues Auto. Ich weiß gar nicht, wie ☐ die ☐ das ☐ leisten ☐ können.

26 *wegen* oder *trotz*?

Bilden Sie Sätze.

		seiner Launen
Sie lässt sich von ... ihm scheiden	wegen	seiner vielen anderen Freundinnen
Sie liebt ihn ... seit zwanzig Jahren	trotz	seiner Großzügigkeit
		seines Humors

a) *Sie lässt sich trotz seiner Großzügigkeit von ihm scheiden.*

(*obwohl* er so großzügig ist)

b) _____

(*weil* er so launisch ist)

c) _____

(*weil* er so humorvoll ist)

d) _____

(*obwohl* er so launisch ist)

e) _____

(*weil* er so großzügig ist)

f) _____

(*obwohl* er so humorvoll ist)

g) _____

(*obwohl* er so viele andere Freundinnen hat)

h) _____

(*weil* er so viele andere Freundinnen hat)

Übungen zu Teil A

1 **Haben Sie auch einen „Tick"?**

Wo steht *zu*? Ergänzen Sie.

a) Julian geht jeden Abend vor dem Schlafengehen noch einmal ins Wohnzimmer, um — nach*zu*schauen, ob der Fernseher ausgeschaltet ist.

b) Thomas schaltet abends das Licht an, um ___ besser ___ ein___schlafen ___ können.

c) Petra zieht sich in der Nacht ihre Mütze auf, um ___ nicht ___ an den Ohren ___ frieren.

d) Stefan liest jeden Tag eine halbe Stunde im Telefonbuch, um ___ Telefonnummern auswendig ___ lernen.

e) Martina wäscht sich permanent die Hände, um ___ keine ___ schlimme Krankheit ___ be___kommen.

f) Robert zieht sich zu jeder wichtigen Besprechung immer die gleiche Krawatte an, um ___ sich ___ sicher ___ fühlen.

g) Christina liest jede Woche ihr Horoskop, um ___ die folgende Woche ___ planen ___ können.

h) Silke steht immer eine halbe Stunde vor Abfahrt des Zuges auf dem Gleis, um ___ den Zug ___ nicht ___ ver___passen.

i) Meine Oma macht jeden Abend Gymnastik, um ___ 100 Jahre ___ alt ___ werden.

2 **Das Geheimnis der Zauberdinge.**

Bilden Sie Sätze mit *um … zu.*

a) Legen Sie sich ein Eichenblatt in den Hut, (*die Füße vor Blasen schützen*)
   ... um die Füße vor Blasen zu schützen.

b) Legen Sie sich Tannenzapfen unters Kopfkissen, (*besser einschlafen können*)

c) Bereiten Sie Öl aus schwarzen nackten Schnecken zu, (*Ihre Wunden heilen*)

d) Essen Sie viel Knoblauch, (*nicht verletzt werden*)

e) Kaufen Sie sich einen Bergkristall, (*sich nicht das Bein brechen*)

f) Finden Sie einen Feuersalamander, (*sich gegen Feuer unempfindlich machen*)

g) Sammeln Sie Silberdisteln, (*gewaltige Körperkräfte bekommen*)

h) Essen Sie Schlangenfleisch, (*die Sprache der Tiere verstehen*)

i) Lassen Sie Spinnen über Ihre Hand laufen, (*Glück haben*)

j) Kaufen Sie einen Smaragd, (*Sehkraft und Gedächtnis stärken*)

k) Sammeln Sie Misteln, (*jung bleiben und sich vor Blitz, Feuer, Gespenstern und Zauberei schützen*)

3 Alltagsweisheiten 1

Was passt zusammen? Ordnen Sie zu.

1 gesund bleiben *f*
2 eine Million gewinnen
3 etwas über die eigene Zukunft erfahren
4 andere Leute kennen lernen
5 Land und Leute in fremden Ländern besser verstehen
6 informiert sein über das politische Geschehen
7 Romane schreiben
8 ein guter Sportler werden

a) länger dort leben müssen und die Sprache lernen
b) regelmäßig Zeitung lesen müssen
c) gut schreiben und viel Fantasie haben müssen
d) viel trainieren müssen
e) Lotto spielen müssen
f) sich gut ernähren müssen
g) zu einem Hellseher gehen müssen
h) abends ausgehen müssen

4 Alltagsweisheiten 2

Bilden Sie nun vollständige Sätze mit den Wörtern aus Aufgabe 3 mit *um … zu.*

1 *Um gesund zu bleiben, müssen sie sich gut ernähren.*
2 _____
3 _____
   _____
4 _____
5 _____
   _____
6 _____
7 _____
8 _____

Übungen zu Teil B

5 Konjugation

Ergänzen Sie die Verben im Futur I.

a) Ich _werde_ nächste Woche bei dir _vorbeischauen_, das verspreche ich dir. *(vorbeischauen)*

b) Ich bin sicher, dass du morgen wieder gesund _____ _____. *(sein)*

c) Er _____ _____ über das Ergebnis furchtbar _____. *(sich ärgern)*

d) Wir _____ nichts daran _____ _____. *(ändern können)*

e) Ihr _____ den Weg ohne uns schon _____. *(finden)*

f) Sie _____ Verständnis dafür _____ *(haben)*, dass ihr nicht kommen könnt.

g) Sie _____ _____ *(feststellen)*, dass Sie auch mit weniger Essen glücklich sind.

6 Definitionen

Ordnen Sie die Erklärungen den Begriffen zu.

1 Wahrsagen *d*

2 Horoskop

3 Wettervorhersage

4 Wahlprognose

5 Weltbevölkerungsprognose

6 Wahlrede

a) Hier wird gesagt, ob es morgen regnet oder schneit.

b) Die Politiker machen in ihr immer große Versprechungen.

c) Hier sagt das Sternzeichen etwas über die Zukunft aus.

d) Hier erfährt man auf magische Weise etwas über die persönliche Zukunft.

e) Hier versucht man festzustellen, wie viele Menschen es in Zukunft auf der Erde geben wird.

f) Hier versucht man festzustellen, welche Partei bei den nächsten Wahlen gewinnen wird.

7 Machen Sie aus den Sätzen Prognosen oder Versprechen für die Zukunft.

Bilden Sie mit den kursiven Verben Sätze im Futur I. Ordnen Sie dann die Sätze den Begriffen aus Aufgabe 6 zu.

a) Ein Hoch über Frankreich *bringt* morgen sommerliche Temperaturen nach Deutschland.

 Ein Hoch über Frankreich wird morgen sommerliche Temperaturen nach Deutschland bringen. 3

b) Sie *verlassen* Ihren Partner. Sie *lernen* den Mann Ihres Lebens *kennen*. Sie *heiraten* ihn.

_____

_____

c) In unserem Land gibt es keinen Platz mehr für Kinder. Wählen Sie unsere Partei und Deutschland *wird* wieder ein kinderfreundliches Land.

_____

_____

d) Steinbock: In der nächsten Woche *kommen* einige Überraschungen auf Sie zu. Bereiten Sie sich jetzt schon darauf vor.

_____

_____

e) Die beiden großen Parteien CDU/CSU und SPD *sind* gleich stark. Die Grünen *kommen* nicht mehr auf ihr Ergebnis der letzten Wahlen. Die FDP *liegt* knapp über der 5%-Hürde.

_____

_____

_____

f) Die Experten erwarten bis zum Jahr 2025 einen Anstieg der Weltbevölkerung um 25%. Es *gibt* dann mehr als 8 Milliarden Menschen auf der Erde.

_____

_____

8 Silbensalat

Welche Silben gehören zusammen? Schreiben Sie.

a) ~~RELATIVITÄTS~~ - LICHT   *Relativitätstheorie* _____

b) KERN - BIOTIKUM   _____

c) AUTO - DRUCK   _____

d) BUCH - ~~THEORIE~~   _____

e) ELEKTRISCHES - MOBIL   _____

f) DAMPF - FON   _____

g) ANTI - SPALTUNG   _____

h) COM - MIT   _____

i) DYNA - MASCHINE   _____

j) TELE - PUTER   _____

9 Was ist das und wer hat es erfunden bzw. entdeckt?

Ordnen Sie die Begriffe aus Aufgabe 8 zu.

1   Das ist eine Substanz, die Bakterien tötet. Ihr Entdecker heißt Sir Alexander Fleming. *9*

2   Das ist die Trennung von Atomkernen. Ihr Entdecker heißt Otto Hahn.

3   Das ist ein anderes Wort für Personenwagen. Sein Erfinder heißt Carl Benz.

4   Das ist ein technisches Verfahren, um Bücher herzustellen. Sein Erfinder heißt Johannes Gutenberg.

5   Das ist eine elektronische Anlage, die Daten speichert, wiedergibt und schnell rechnet. Ihr Erfinder heißt John von Neumann.

6   Das ist eine Maschine, die den Druck von Dampf in mechanische Kraft umsetzt. Ihr Erfinder heißt Thomas Newcomen.

7   Das ist ein anderes Wort für Sprengstoff. Sein Entdecker heißt Alfred Nobel.

8   Damit kann man einen Raum erhellen. Sein Erfinder heißt Thomas Alva Edison.

9   Das ist eine wissenschaftliche Theorie über die Struktur von Raum und Zeit. Ihr Entdecker heißt Albert Einstein.

10   Das ist ein Apparat, mit dem man mit anderen Leuten sprechen kann, auch wenn diese weit entfernt sind. Sein Erfinder heißt Alexander Graham Bell.

Übungen zu Teil D

10 Wiederholung: Krankheiten

Wo steht -schmerzen? Ergänzen Sie, wenn nötig. Ergänzen Sie auch den Artikel.

a) Kopf*schmerzen, die* _____   e) Hals_____   i) Allergie_____

b) Grippe *-, die* _____   f) Husten_____   j) Schnupfen_____

c) Rücken_____   g) Erkältung_____   k) Zahn_____

d) Fieber_____   h) Bauch_____

11 „Andere" Krankheiten

Welche Begriffe gehören zusammen? Unterstreichen Sie.

a) <u>starke Kopfschmerzen</u> – Hexenschuss – <u>Migräne</u>

b) Neurodermitis – starke Rückenschmerzen – Hexenschuss

c) starker Husten – Asthma – Depressionen

d) Allergie – Nervosität – Heuschnupfen

12 Wiederholung: *wenn*-Satz

Antworten Sie.

a) Wann trinken Sie heißen Tee mit Zitrone oder heiße Milch mit Honig?

   Wenn ich Halsschmerzen habe. _____ (Halsschmerzen haben)

b) Wann tun Sie Joghurt auf die Haut?

_____ (einen Sonnenbrand haben)

c) Wann brauchen Sie eine Zwiebelscheibe?

_____ (eine Biene hat mich gestochen)

d) Wann trinken Sie Cola und essen Salzstangen?

_____ (Durchfall haben)

e) Wann schlafen Sie lange?

_____ (einen Kater haben)

f) Wann brauchen Sie einen Eisbeutel?

_____ (eine Beule haben)

g) Wann brauchen Sie ein Stück Würfelzucker mit etwas Wasser?

_____ (sich in den Finger geschnitten haben)

h) Wann halten Sie die Luft an?

_____ (Schluckauf haben)

i) Wann machen Sie Wadenwickel?

_____ (hohes Fieber haben)

j) Wann halten Sie die Hand/den Fuß … unter kaltes Wasser?

_____ (sich verbrannt haben)

k) Wann nehmen Sie ein heißes Bad?

_____ (Muskelkater haben)

l) Wann inhalieren Sie?

_____ (Schnupfen haben)

13 Wiederholung: *wenn* oder *wann*?

Ergänzen Sie.

a) _Wenn_ ich morgens mit dem linken Bein aufstehe, bin ich den ganzen Tag schlecht gelaunt.

b) _____ stehst du normalerweise immer auf? – In der Regel eine Viertelstunde, bevor ich aus dem Haus gehe, d.h. so gegen sieben.

c) Ich könnte nicht mehr schlafen, _____ ich mir spät nachts noch Horrorfilme anschauen würde.

d) Glaube mir, Essen und Schlafen ist die beste Therapie. _____ es mir nicht gut geht, lege ich mich mit einer Schachtel Pralinen ins Bett und schlafe danach super ein.

e) Ich kann dir gar nicht sagen, _____ ich eingeschlafen bin. Das muss so gegen Mitternacht gewesen sein.

f) Kannst du denn noch schlafen, _____ du abends so viel isst? – Na ja, es geht. Ich schlafe nicht besonders gut ein. Aber was soll ich denn machen, _____ ich solch einen Hunger habe?

g) Habe ich heute Nacht wieder im Traum gesprochen? – Ja, ich kann dich das nächste Mal wecken, _____ du willst.

h) Sagen Sie mir doch bitte, _____ Sie geweckt werden möchten. – Es wäre nett, _____ Sie mich so gegen 11 Uhr anrufen würden.

14 Konjugation

Ergänzen Sie die Verben im Passiv.

a) Ich _werde_ sogar vom Chefarzt _behandelt_ . *(behandeln)*

b) _____ du heute noch _____? *(untersuchen)*

c) Er _____ vor der Behandlung noch _____. *(röntgen)*

d) Ich habe das Gefühl, dass wir mit unseren Problemen überhaupt nicht _____ _____ _____. *(ernst nehmen)*

e) Wann _____ ihr morgen _____? *(abholen)*

f) Ich möchte, dass die Patienten noch _____ _____. *(benachrichtigen)*

15 Herr Kummer hat starke Kopfschmerzen und geht zum Arzt: Was wird dort gemacht?

Bilden Sie Sätze im Passiv.

a) _Er wird genau untersucht._ _____ *(er – genau untersuchen)*

b) _____ *(der Blutdruck – kontrollieren)*

c) _____ *(Blut – abnehmen)*

d) _____ *(der Puls – messen)*

e) _____ *(der Kopf – röntgen)*

16 **Sprechende Gegenstände**

Bilden Sie Sätze im Passiv.

a) Fußball:
   (immer nur treten) (auch einmal streicheln)

   Immer werde ich nur getreten.

   Ich möchte auch einmal gestreichelt werden.

b) Puppe:
   (immer nur an- und ausziehen) (in Ruhe lassen)

   Immer

c) Wohnwagen:
   (immer auf dem Campingplatz abstellen) (auch einmal in die Berge fahren)

   Immer

d) Buch:
   (immer nur lesen) (auch einmal hören)

   Immer

e) Besen:
   (immer in die Ecke stellen) (mal mitten auf den Tisch legen)

   Immer

f) Koffer:
   (immer nur voll packen) (mal leer spazieren tragen)

   Immer

g) Briefmarke:
   (immer nur auf einen Brief kleben) (auch einmal ohne Brief verschicken)

   Immer

17 Flug mit dem Zauberteppich

Bilden Sie mit den kursiven Sätzen Nebensätze.

a) *Sie werden auf Händen getragen,* Sie sind ganz leicht.

Stellen Sie sich vor, dass *Sie auf Händen getragen werden.*

b) *Sie werden in die Wiese gelegt.* Sie spüren das Gras unter sich.

Stellen Sie sich vor, dass _____

_____

c) Ein Zauberteppich fliegt über die Wiese. *Sie werden von einem kleinen Männchen mit einem langen Bart auf den Teppich eingeladen.*

Stellen Sie sich vor, dass _____

_____

d) Der Zauberteppich fliegt los. *Sie werden leicht hin und her geschaukelt.* Sie fliegen immer höher, bis zu den Wolken.

Stellen Sie sich vor, dass _____

_____

e) *Sie werden von den Wolken eingefangen und sanft gestreichelt.*

Stellen Sie sich vor, dass _____

_____

f) Ihr Traum geht nun langsam zu Ende. *Sie werden wieder sanft auf den Boden zurück gelegt und werden von den leisen Tönen einer Geige aufgeweckt.*

Stellen Sie sich vor, dass _____

_____

g) Sie schlafen noch? *Sie müssen kräftig geschüttelt werden.*

Stellen Sie sich vor, dass _____

_____

h) Sie schlafen noch immer? *Sie müssen mit einem kalten Waschlappen aufgeweckt werden.*

Stellen Sie sich vor, dass _____

_____

Übungen zu Teil E

18 Nomen mit Präpositionen

Ergänzen Sie das passende Verb.

kommen (3x) ◆ bringen (3x) ◆ nehmen (2x) ◆ aufgeben ◆ unterziehen ◆ finden ◆ stellen

a) zum Einsatz _kommen_____

b) Platz _____

c) eine Lösung _____

d) Erfolg _____

e) die Hoffnung _____

f) in Mode _____

g) eine Frage _____

h) Abschied _____

i) zu Ende _____

j) zur Ruhe _____

k) sich einer Therapie _____

l) keine Besserung _____

19 Wiederholung: Verben mit Präpositionen

Ordnen Sie zu und ergänzen Sie die passende Präposition.

1	Wann schreibst du endlich _d_		a) _____ deine persönlichen Probleme?
2	Bitte denk doch ▢		b) _____ dem Vortrag über „Alternative Medizin" eingeladen?
3	Sprichst du mit deinem Arzt ▢	zu um über an	c) _____ eine sofortige Antwort.
			d) _an_ Tante Hermine?
4	Berichten Sie doch mal ▢		e) _____ die Tabletten gegen Kopfschmerzen, wenn du einkaufen gehst!
5	Bist du auch ▢		
6	Ich bitte Sie ▢		f) _____ Ihre Erfahrungen mit Akupunktur.

20 Verben mit Präpositionen 1

Unterstreichen Sie die richtigen Präpositionen. Ergänzen Sie den Artikel, wenn nötig.

a) Warum streitet ihr euch denn schon wieder *nach/über/von* _die_____ Vor- und Nachteile der herkömmlichen Medizin?

b) Erinnern Sie sich noch *an/über/zu* _____ komischen Arzt, der seine Patienten hypnotisiert hat?

c) Hier riecht es *über/zu/nach* _____ Medizin. Bist du krank?

d) Erzähl doch mal *von/zu/nach* dein__ Erfahrungen mit Akupunktur!

e) Diskutiert ihr wieder mal *nach/zu/über* _____ gesunde Ernährung?

f) Hilfst du mir bitte *bei/nach/zu* _____ Vorbereitungen für unseren Feng-Shui-Abend.

g) Du kennst dich doch in Astrologie aus. Welches Sternzeichen passt am besten *zu/von/nach* _____ Klaus?

21 Verben mit Präpositionen 2

Ergänzen Sie die Präpositionen.

a)

Leiden Sie _an_ Migräne? Oder _____
Schlaflosigkeit? Dann kommen Sie zu uns.
Wir helfen Ihnen _____ Ihrem Problem.

b)

Achten Sie _____ eine
gesunde Ernährung! Es geht
_____ Ihre Gesundheit!

c)

Nehmen Sie _____ unserem neuen
Workshop „Autogenes Training" teil.

d)

Verlassen Sie sich
ganz _____ Ihren
eigenen Körper.

e)

Bereiten Sie sich bewusst
_____ Ihren Tag vor.

f)

Beschäftigen Sie sich gern _____
Astrologie? Was halten Sie _____
der Bachblüten-Therapie? Wir bieten
Ihnen interessante Informationen dazu.

g)

Reden Sie _____ uns _____
Ihre Ängste. Wir finden für Sie
die passende Therapie.

Lösungsschlüssel

Lektion 1

1 **a** das Hochhaus, die Hochhäuser **b** der Bauern-hof, die Bauernhöfe **c** das Reihenhaus, die Reihen-häuser **d** das Schloss, die Schlösser **e** das Ein-familienhaus, die Einfamilienhäuser **f** das Wohn-heim, die Wohnheime **g** die Villa, die Villen **h** das Gartenhaus, die Gartenhäuser **i** der Altbau, die Altbauten **j** das Fachwerkhaus, die Fachwerk-häuser **k** das Ökohaus, die Ökohäuser

2 Hausarzt, Hausmeister, Hausordnung, Hausschuhe, Haustier, Haustür, Elternhaus, Ferienhaus, Kranken-haus, Möbelhaus, Traumhaus, Treppenhaus

3 **a** Ferienhaus **b** Möbelhäusern **c** Traumhaus **d** Hausmeister **e** Treppenhaus – Hausordnung **f** Hausschuhe **g** Haustür **h** Elternhaus **i** Krankenhaus

4 1d 2a 3c 4e 5b

5 würde, würdest, würde, würden, würdet, würden, würden

6 **a** Ich würde lieber in der Stadt wohnen, weil ich gern ausgehe. **b** Wir würden lieber alleine wohnen, weil wir unsere Ruhe haben wollen. Wir würden gern in einem Wohnheim wohnen, weil dort immer was los ist. **c** Wir würden gern im Grünen wohnen, weil wir so viele Haustiere haben. **d** Ich würde lieber auf dem Land wohnen, weil ich die Natur liebe. **e** Er würde am liebsten allein wohnen, weil er den ganzen Tag Musik hören will.

7 **a** der Vermieter, die Vermieter **b** der Makler, die Makler **c** der Quadratmeter, die Quadratmeter **d** die Nebenkosten (Plural) **e** der Mieter, die Mieter **f** die Kaution, die Kautionen **g** die Ein-bauküche, die Einbauküchen **h** der Neubau, die Neubauten **i** die Miete, die Mieten **j** die Tief-garage, die Tiefgaragen

8 **a** groß, größer, am größten **b** klein, kleiner, am kleinsten **c** günstig, günstiger, am günstigsten **d** teuer, teurer, am teuersten **e** luxuriös, luxuriöser, am luxuriösesten **f** häufig, häufiger, am häufigsten **g** zentral, zentraler, am zentralsten **h** viel, mehr, am meisten **i** gern, lieber, am liebsten **j** hoch, höher, am höchsten **k** gut, besser, am besten **l** schnell, schneller, am schnellsten **m** wenig, weniger, am wenigsten **n** dunkel, dunkler, am dunkelsten **o** alt, älter, am ältesten **p** früh, früher, am frühsten **q** lang, länger, am längsten **r** fleißig, fleißiger, am fleißigsten

9 **a** höher als **b** hoch wie **c** höher als **d** hoch wie **e** höher als **f** höher als

10 **a** längste **b** fleißigste **c** teuersten **d** größte **e** meisten **f** kleinste **g** schnellste **h** häufigsten

11 **Dialog 1** 5, 3, 1, 7, 2, 4, 6 **Dialog 2** 5, 3, 1, 2, 4

12 1 Wie ist die Adresse? 2 Was sind Sie von Beruf? 3 Haben Sie Kinder? 4 Wie hoch ist die Miete? 5 Haben Sie Haustiere? 6 Wie hoch sind die Nebenkosten? 7 Wie viele Zimmer hat die Woh-nung? 8 Sind Sie verheiratet? 9 Spielen Sie ein Musikinstrument? 10 Ab wann ist die Wohnung frei?

13 1d 2f 3g 4a 5i 6b 7c 8h 9j 10e

14 5, 3, 1, 4, 2

15 1e 2g 3c 4f 5d 6a 7b

16 **a** Im Kinderzimmer. **b** Im Badezimmer. **c** Im Ess-zimmer. **d** Im Schlafzimmer. **e** Im Wohnzimmer. **f** In der Küche. **g** In der Garage. **h** Im Garten.

17 **a** in den **b** auf den, neben die **c** ins **d** in die **e** neben die **f** zwischen die **g** unter den **h** ins **i** vor das **j** auf den

18 1 dem 2 den 3 die 4 den 5 vom 6 der 7 die 8 den 9 den 10 im

19 **a** – **b** zu **c** – **d** zu **e** zu, zu **f** – **g** zu **h** – **i** zu **j** zu **k** – **l** zu **m** – **n** zu **o** –

20 **a** zu stehen **b** aufzustehen **c** zu gehen **d** anzu-rufen, zu besuchen **e** zu bezahlen **f** zu waschen **g** aufzuräumen **h** zu leben, zu essen **i** zu erzählen **j** zu sein **k** Vorschriften zu machen

21 **a** den Müll nicht aus dem Fenster zu werfen **b** die Kellertür abzuschließen **c** das Licht im Keller aus-zuschalten **d** die Blumen im Hof nicht zu zer-stören **e** die Musik nach Mitternacht leiser zu stellen **f** die Post nicht zu verstecken **g** freund-lich zu grüßen **h** keine Wäsche im Treppenhaus aufzuhängen **i** nicht im Treppenhaus zu singen **j** das Treppenhaus nicht zu bemalen **k** nicht aus dem Fenster zu springen, sondern die Haustür zu benutzen **l** nicht das Treppengeländer hinunter zu rutschen **m** beim Waschen das Bad nicht unter Wasser zu setzen

22 **a** Ich gebe zu, beim Frühstück immer mit vollem Mund geredet zu haben. **b** Es war nicht richtig von mir, die Zeitung nicht mit anderen geteilt zu haben. **c** Es war nicht fair von mir, bei anderen mit gegessen zu haben. **d** Ich gebe auch zu, mein schmutziges Geschirr wochenlang nicht gespült zu haben. **e** Es war sehr egoistisch von mir, stunden-lang telefoniert zu haben. **f** Es tut mir Leid, immer zu laut Musik gehört zu haben.

23 **a** obwohl **b** weil **c** obwohl **d** obwohl **e** weil **f** weil **g** obwohl

24 **a** trotzdem **b** deshalb **c** trotzdem **d** trotzdem **e** deshalb **f** deshalb **g** trotzdem

25 **a** deshalb **b** weil **c** trotzdem **d** obwohl **e** weil **f** deshalb **g** trotzdem **h** obwohl

26 **a** Ich möchte umziehen, weil die Nachbarn zu laut sind. Die Nachbarn sind zu laut, deshalb möchte ich umziehen. **b** Ich möchte umziehen, weil die Nachbarn nicht grüßen. Die Nachbarn grüßen nicht, deshalb möchte ich umziehen. **c** Ich möchte umziehen, obwohl die Wohnung super renoviert ist. Die Wohnung ist super renoviert, trotzdem möchte ich umziehen. **d** Ich möchte umziehen, weil das Haus keinen Aufzug hat. Das Haus hat keinen Aufzug, deshalb möchte ich umziehen. **e** Ich möchte umziehen, weil Haustiere nicht erlaubt sind. Haustiere sind nicht erlaubt, deshalb möchte ich umziehen. **f** Ich möchte umziehen, obwohl das Haus einen sehr schönen Innenhof hat. Das Haus hat einen sehr schönen Innenhof, trotzdem möchte ich umziehen. **g** Ich möchte umziehen, weil die Wohnung keinen Balkon hat. Die Wohnung hat keinen Balkon, deshalb möchte ich umziehen.

27 alles Gute, etwas Besonderes, etwas Interessantes, das Interessante, nichts Gutes, das Wichtigste, etwas Schönes, das Passende

Lektion 2

1　1 Ausbildung　2 Kindheit　3 Heirat　4 Alter　5 Beruf　6 Familie　7 Schule

2　**a** ziehen, reisen　**b** fliegen　**c** machen　**d** kommen　**e** arbeiten　**f** bekommen　**g** abschließen, abbrechen, anfangen

3　1e　2h　3f　4d　5a　6g　7c　8b

4　ge...t: gemacht, gereist, gearbeitet, geheiratet
ge...en: geflogen, gezogen, gekommen, tätig gewesen, gefahren　...t: verreist, studiert, passiert
...ge...t: eingekauft　...ge...en: abgeschlossen, umgezogen, abgebrochen, angefangen
...n: begonnen, bekommen

5　**a** Wann wurden Sie geboren? **b** Mit wie viel Jahren sind Sie in den Kindergarten gekommen? **c** Wann haben Sie das Abitur gemacht? **d** Wann haben Sie Ihr Studium begonnen? **e** Wann haben Sie Ihr Studium abgebrochen und eine Ausbildung angefangen? **f** Wann haben Sie Ihr Zweitstudium angefangen? **g** Wie lange haben Sie im Ausland studiert? **h** Wann haben Sie Ihre Promotion abgeschlossen? **i** Wie lange haben Sie als Psychologe gearbeitet? **j** Was machen Sie heute?

6　**a** Ich wurde 1951 in Berlin geboren. **b** Mit drei Jahren bin ich in den Kindergarten gekommen. **c** Im Jahre 1971 habe ich Abitur gemacht. **d** Ende 1972 habe ich mein Jura-Studium begonnen. **e** Von 1972 bis 1974 habe ich Jura studiert, dann habe ich mein Studium abgebrochen und eine Ausbildung angefangen. **f** Vier Jahre später habe ich mein Zweitstudium in Psychologie begonnen. **g** Von 1984 bis 1987 habe ich im Ausland gear-

beitet. **h** Fünf Jahre später habe ich meine Promotion gemacht. **i** Zwischen 1991 und 1994 habe ich als Psychologe gearbeitet. **j** Seit 1994 bin ich Kneipenbesitzer.

7　**a** hast ... gemacht, bin ... umgezogen. **b** ist ... passiert, haben ... gefeiert　**c** seid ... verreist, ist ... gefahren, bin ... geflogen, haben ... erholt　**d** habt ... bekommen　**e** ist ... geworden, getroffen habe, hat ... begonnen

8　denken, **dachte**, gedacht　sehen, **sah**, gesehen
schlafen, **schlief**, geschlafen　bleiben, **blieb**, geblieben　gehen, **ging**, gegangen　treffen, **traf**, getroffen　bekommen, **bekam**, bekommen
bringen, **brachte**, gebracht　schreiben, **schrieb**, geschrieben　beginnen, **begann**, begonnen

9　**Verben ohne Vokalwechsel:** trennten = trennen, schickten = schicken, folgten = folgen, hatte = haben, lebte = leben, erkrankte = erkranken
Verben mit Vokalwechsel: kam = kommen, war = sein, gefiel = gefallen, fing ... an = anfangen, erschien = erscheinen, musste = müssen, wurde = werden, schrieb = schreiben, starb = sterben

10　wurde, besuchte, gefielen, studierte, ging, schrieb, erschien, arbeitete, war, verbrannten, durfte, lebte, starb

11　Ein männlicher Briefmark **erlebte** Was Schönes, bevor er **klebte**. Er **wollte** sie wiederküssen, So **liebte** er sie vergebens.

12　Ich **sehe** nichts. Ich **höre** nichts. Ich **sage** nichts. Ich **schmecke** nichts. Ich **rieche** nichts.

13　**a** die Erfahrung　**b** das Gedächtnis　**c** das Gefühl　**d** das Gehirn　**e** die Persönlichkeit　**f** die Stimmung

14　**a** Gedächtnis　**b** Gefühl　**c** Gehirn　**d** Stimmung　**e** Erfahrung　**f** Persönlichkeit

15　**a** wenn　**b** wenn　**c** als　**d** als　**e** als　**f** wenn　**g** wenn　**h** als　**i** wenn　**j** wenn　**k** als　**l** als

16　**a** wenn　**b** wenn　**c** als　**d** als　**e** als　**f** wenn　**g** als　**h** wenn　**i** als

17　**a** als　**b** wenn　**c** wenn　**d** als　**e** als　**f** wenn　**g** als　**h** als　**i** als　**j** als　**k** als　**l** wenn

18　**a** hatte ... beendet　**b** hattest ... aufgelegt　**c** hatten ... gedeckt　**d** gewartet hatte　**e** gesehen ... hatten　**f** gehört hatten

19　**a** war ... aufgestanden　**b** warst ... weggegangen　**c** war ... erschienen　**d** gelaufen waren　**e** angekommen waren　**f** waren ... abgebogen

20　**a** da war der Zug bereits abgefahren　**b** da hatte die Sitzung bereits begonnen　**c** da war die Wohnung bereits verkauft worden　**d** da waren die Gäste bereits nach Hause gegangen　**e** da war die Tür bereits verschlossen.　**f** da hatte seine Braut einen anderen geheiratet.

21　**a** Nachdem Herr Karl die Wohnung verlassen hatte, hatte er ein komisches Gefühl. **b** Nachdem er zu lange auf den Bus gewartet hatte, ging er zu Fuß ins Büro. **c** Nachdem er eine Stunde gegangen war, taten ihm die Füße weh. **d** Nachdem er eine halbe Stunde in der Sonne gesessen hatte, schlief er ein. e Nachdem er zwei Stunden geschlafen hatte, wachte er auf und ging direkt nach Hause. f Nachdem er zu Hause angekommen war, schrieb er die Kündigung.

22 a Als b weil c Bis d Obwohl e Nachdem

23 Synonyme: 1c damals 2a danach 3b immer
Antonyme: 4e kurz 5f jetzt 6g nie 7d zuerst

24 ein paar Wochen, stundenlang, letztes Jahr, seit drei Jahren, nächstes Jahr, in zwei Tagen, wochenlang, dieses Jahr, bis heute

25 a stundenlang b nie c später d seit zehn Jahren e schließlich f letztes Jahr g oft h Früher

26 früher, damals, gestern, heute, jetzt, gleich, morgen
nie, selten, manchmal, oft, meistens, immer

Lektion 3

1 a Rathaus b Aussichtsturm c Kirche d Museum, Museum e Park f Zoo g Schloss München

2 a Wir könnten in den Biergarten im Englischen Garten gehen. – Wir würden aber lieber ins Hofbräuhaus gehen b Wir sollten unbedingt die Ausstellung in der Alten Pinakothek besuchen. – Wir würden aber lieber ins Deutsche Museum gehen. c Wir sollten die Oper im Nationaltheater ansehen. – Wir würden aber lieber das Fußballspiel im Olympiapark anschauen. d Wir könnten im Tierpark Hellabrunn spazieren gehen. – Wir würden aber lieber einen Einkaufsbummel in der Maximiliansstraße machen. e Wir könnten auf den Turm des „Alten Peter" steigen. – Wir würden aber lieber mit dem Lift auf den Olympiaturm fahren.

3 a Doppelzimmer b Einzelzimmer c Halbpension d Vollpension e eine Minibar f behindertengerecht g den Gepäckträger h einen Fitnessraum i zentral j in der Nähe der

4 1b 2a 3c 4a 5b 6c

5 a ob es noch ein Doppelzimmer ohne Dusche gibt. b welches das lauteste Zimmer ist c wo die Küche ist. d ob der Weckdienst mich auch zu Hause wecken kann? e wer hier meine schmutzige Wäsche wäscht? f ob ich überhaupt für das Zimmer bezahlen muss. g wie ich in dieses Hotel gekommen bin.

6 a Gibt es noch ein Doppelzimmer ohne Dusche? b Welches ist das lauteste Zimmer? c Wo ist die Küche? d Kann mich der Weckdienst auch zu Hause wecken? e Wer wäscht hier meine schmutzige Wäsche? f Muss ich überhaupt für das Zimmer bezahlen? g Wie bin ich in dieses Hotel gekommen?

7 a Können Sie mir sagen, wann Sie duschen? b Wissen Sie schon, wie lange Sie schlafen möchten? c Sagen Sie mir doch bitte noch, ob das Zimmer laut sein soll. d Dann muss ich noch wissen, ob Sie in der Nacht telefonieren. e Sagen Sie mir doch bitte noch, wie viele Zigaretten Sie

pro Tag rauchen. f Haben Sie schon überlegt, ob Sie im Keller übernachten wollen? g Gibt es noch etwas, was Sie besonders ärgert?

8 Wir möchten uns nun gerne erkundigen, welche Angebote Sie unserem kleinen Maunzi bieten **können**. Außerdem möchten wir fragen, ob er in einem Einzelzimmer schlafen **könnte**, Deshalb würde es uns auch interessieren, wie viele Pfleger dafür zur Verfügung **stehen**. Bitten teilen Sie uns doch auch mit, wie teuer ein Einzelzimmer für unseren Maunzi **ist** und was wir für ihn einpacken **sollen**.

9 a stündlich b geduldig c vernünftig d gefühlvoll e monatlich f arbeitslos g telefonisch h ruhig i pausenlos j freundschaftlich k modisch l ratlos m vorsichtig n humorvoll

10 a alltäglich b elektronisch c ärgerlich d beruflich e europäisch f freundlich g friedlich h demokratisch i gesundheitlich j menschlich k natürlich l persönlich m sportlich n staatlich o politisch p mündlich q schriftlich

11 1 sie 2 es 3 sie 4 ihn 5 sie 6 uns 7 euch

12 1 ihn 2 ihn 3 ihn 4 ihn 5 ihm 6 ihm 7 ihn 8 ihm 9 ihn 10 ihm 11 ihn 12 ihm

13 1 sie 2 ihr 3 sie 4 sie 5 ihr 6 sie 7 sie 8 ihr 9 ihr 10 sie 11 ihr 12 ihr 13 ihr

14 1 sie 2 ihnen 3 ihnen 4 sie 5 sie 6 ihnen

15 1 Ihnen 2 Sie 3 Ihnen 4 Sie 5 Ihnen 6 Sie 7 Ihnen 8 Sie 9 Sie 10 Ihnen 11 Sie

16 a Dein Anruf überrascht mich sehr. b Hast du ihn informiert? c Ich schreibe ihm eine E-Mail. d Ich bitte dich um eine Antwort. e Ich bringe dir die Schlüssel. f Er behandelt sie wie eine Angestellte. g Gibst du mir bitte den Zucker? h Ich habe dir das Geld doch zurückgegeben. i Gestern bin ich ihm zufällig begegnet.

17 a Können Sie *es dem Gast* bestellen? – Können Sie *ihm das Taxi* bestellen? – Können Sie *es ihm* bestellen? b Können Sie *sie den Gästen* geben? – Können Sie *ihnen die Rechnung* geben? – Können Sie *sie ihnen* geben? c Können Sie *ihn dem Zimmermädchen* überreichen? – Können Sie *ihr den Schlüssel* überreichen? – Können Sie *ihn ihr* überreichen? d Können Sie *es der Dame* reservieren? – Können Sie *ihr Zimmer 109* reservieren? – Können Sie *es ihr* reservieren? e Können Sie *sie dem Herrn* zeigen? – Können Sie *ihm die Parkplätze* zeigen? – Können Sie *sie ihm* zeigen?

18 a Und die Geburtstagskarte für meine Großmutter? – Ich habe *sie ihr* bereits geschickt. *Die* habe ich *ihr* bereits geschickt. b Und das Buch Harry Potter für meine Nichte? – Ich habe *es ihr* bereits geschickt. – *Das* habe ich *ihr* bereits geschickt. c Und die Einladung für meine Schwiegereltern? – Ich habe *sie ihnen* bereits geschickt. – *Die* habe ich *ihnen* bereits geschickt. d Und die Blumen für meine Ehefrau? – Ich habe *sie ihr* bereits geschickt. – *Die* habe ich *ihr* bereits geschickt.

e Und die Zigarren für meinen Schwiegervater? – Ich habe *sie ihm* bereits geschickt. – *Die* habe ich *ihm* bereits geschickt. f Und der Brief an meinen Bruder? – Ich habe *ihn ihm* bereits geschickt. – *Den* habe ich *ihm* bereits geschickt.

19 a geradeaus b über die c entlang d bis zum e die zweite Straße rechts f um ... herum g rechts in die h am ... vorbei i zurück j die erste Straße links

20 a 1 entlang 2 bis zum 3 in die 4 geradeaus 5 am ... vorbei 6 in die 7 über 8 bis zur 9 entlang 10 über 11 durch
b 1 über 2 in die 3 in die 4 geradeaus 5 am vorbei 6 über 7 durch 8 geradeaus 9 entlang 10 über 11 bis zum
c 1 in die 2 bis zum 3 in die 4 geradeaus 5 bis zum 6 am ... vorbei 7 bis zur 8 in die 9 gegenüber vom 10 bis zum

21 a Donner b Niederschlag c Schauer d Schnee e Wolke f Gewitter g Sturm h Frost

22 a frostig b neblig c regnerisch d sonnig e windig f gewittrig g stürmisch h wolkig

23 a bewölkt b heiß c Föhn d Hoch e Gewitter f unbeständig g Nebel h kalt i Dieser Regen

Lektion 4

1 a niveauvoll, energisch, erfolgreich, dunkelhaarig, leidenschaftlich b fantasievoll, häuslich, zuverlässig c anspruchsvoll, natürlich, humorvoll, sportlich d Romantische, lebenslustig, ehrlich, zärtlich, gefühlvoll e langweiligen, optimistisch

2 a dunkelhaarig b untreu c verschlossen d hässlich e dumm f unsensibel g böse h dick i unsicher j unseriös k faul

3 a euch b sich c uns d sich e mich f dich g sich

4 a mich b mich c uns d sich e dich f mich g sich, dich, mich h euch i dich j euch k euch l dich

5 a sie b dich, sich c mich d dich, sich e sie f dich, dich, mich, ihn

6 a dass er sich nie um sie kümmert. b Sie ärgert sich immer, c sich wieder zu verlieben. d Doch sie kann sich einfach nicht von ihm trennen. e dass er sich nicht mehr verändert. f Er entschuldigt sich jedes mal für sein Verhalten. g Und schließlich hat sie sich schon an ihn gewöhnt. h Bitte erinnere mich, i Hat sie sich schon entschuldigt? j Ja, ich habe mich wieder mit ihr versöhnt.

7 a um b über c an d von e für f bei g über h von

8 a Gesprächspartner b Partnerschaft c Partnerwahl d Lebenspartner e Traumpartner

9 1a 2c 3c 4b 5a 6b 7c

10 a Sie hat sich mit 16 Jahren in ihn verliebt. b Sie hat sich vor zehn Jahren mit ihrem Jugendfreund verlobt. c Die Verlobung war vor zehn Jahren. d Sie ist seit zehn Jahren mit ihrem Jugendfreund verlobt. e Sie hat ihn vor einem Jahr geheiratet. f Die Hochzeit mit ihm war vor einem Jahr. g Sie ist seit einem Jahr mit ihm verheiratet. h Sie hat sich dann nach ein paar Monaten von ihm getrennt. i Die Trennung war vor ein paar Monaten. j Sie ist seit ein paar Monaten von ihm getrennt. k Sie hat sich gestern von ihm scheiden lassen. l Die Scheidung war gestern. m Sie ist seit gestern von ihm geschieden.

11 1b+c, euch 2a+e, sich 3c+d, sich 4a+e, uns 5c+d, dich 6b+c, mich

12 a Freust ... auf b entschuldige ... bei c über ... freuen d für ... bei ... entschuldigt e bei ... für ... bedankt f freue ... mich

13 a ihr b ihr c ihr d ihr e sie a mich b mir c mir d mir e mir f mich g mich

14 a der gern schnelle Motorräder fährt. b der ein Segelboot an der Adria hat. c die von einem kleinen Garten träumt. d die laut und schön unter der Dusche singt. e die jeden Tag mit mir auf den Spielplatz gehen. f die sich nie streiten. g die mir wichtiger als mein Gameboy sind.

15 a den ich sofort heiraten würde. b die ich täglich sehen kann. c die ich immer um Rat fragen kann. d die ich schon sehr lange kenne. e die ich täglich anrufen kann

16 a dem ich sofort mein neues Auto geben würde. b dem meine Hobbys auch gefallen. c der ich alle meine Träume anvertrauen kann. d der ich Liebesgedichte schreibe e denen ich gern meine neuen Computerspiele leihe.

17 a mit dem ich in ferne Länder reise. b von dem ich schöne Geschenke bekomme. c mit der ich romantische Stunden verbringen möchte. d mit der ich mich verlobe. e auf die ich nie wütend bin. f Sie alle wünschen sich ein Leben, das sie glücklich macht und mit dem sie zufrieden sind.

18 a was b wo c was d was e was f wo

19 a dem b das c der d den e den f das g dem h die i dem j dem k was l wo

20 a Kollegin b Verwandten c Nachbarn d Bekannte e Freund

21 1b 2f 3e 4d 5a 6c

22 a die Party b ein Examen c den Geburtstag d ein Geschenk e die Gäste f dem Gastgeber g ein Jubiläum h eine Einladung

23 a uns b dir c sich d sich e mir f sich g euch

24 a dich b dir c dir d dir e dich f dir g dich h dir i dich j dich k dich l dir m dich n dich o dir p dich q dich r dir s dich t dich u dir v dir w dir

25 a Wann kaufst du dir endlich eine neue Hose? b Wir möchten uns gerne die Ausstellung im Kunsthaus anschauen. c Denk dir doch selbst etwas aus. d Wo habt ihr euch denn diesen tollen

Kerzenleuchter gekauft? **e** Was wünscht er sich eigentlich zum Geburtstag? **f** Ich würde mir am liebsten den neuen Film mit Harrison Ford anschauen. Das kann ich mir vorstellen. **g** Hast du dir schon überlegt, **h** dass du dir die neue CD von den „Fantastischen Vier" besorgt hast. Könnte ich mir die mal ausleihen? **i** ... wie die sich das leisten können.

26 **a** Sie lässt sich trotz seiner Großzügigkeit von ihm scheiden. **b** Sie lässt sich wegen seiner Launen von ihm scheiden. **c** Sie liebt ihn wegen seines Humors seit zwanzig Jahren. **d** Sie liebt ihn trotz seiner Launen seit zwanzig Jahren. **e** Sie liebt ihn wegen seiner Großzügigkeit seit zwanzig Jahren. **f** Sie lässt sich trotz seines Humors von ihm scheiden. **g** Sie liebt ihn trotz seiner vielen anderen Freundinnen seit zwanzig Jahren. **h** Sie lässt sich wegen seiner vielen anderen Freundinnen von ihm scheiden.

Lektion 5

1 **a** um nachzuschauen **b** um besser einschlafen zu können. **c** um nicht an den Ohren zu frieren **d** um Telefonnummern auswendig zu lernen. **e** um keine schlimme Krankheit zu bekommen. **f** um sich sicher zu fühlen. **g** um die folgende Woche planen zu können. **h** um den Zug nicht zu verpassen. **i** um 100 Jahre alt zu werden.

2 **a** um die Füße vor Blasen zu schützen. **b** um besser einschlafen zu können. **c** um Ihre Wunden zu heilen. **d** um nicht verletzt zu werden. **e** um sich nicht das Bein zu brechen. **f** um sich gegen Feuer unempfindlich zu machen. **g** um gewaltige Körperkräfte zu bekommen. **h** um die Sprache der Tiere zu verstehen. **i** um Glück zu haben. **j** um Sehkraft und Gedächtnis zu stärken. **k** um jung zu bleiben und sich vor Blitz, Feuer, Gespenstern und Zauberei zu schützen.

3 1f 2e 3g 4h 5a 6b 7c 8d

4 1 Um gesund zu bleiben, müssen Sie sich gut ernähren. 2 Um eine Million zu gewinnen, müssen Sie Lotto spielen. 3 Um etwas über die eigene Zukunft zu erfahren, müssen Sie zu einem Hellseher gehen. 4 Um andere Leute kennen zu lernen, müssen Sie abends ausgehen. 5 Um Land und Leute in fremden Ländern besser zu verstehen, müssen Sie länger dort leben und die Sprache lernen. 6 Um über das politische Geschehen informiert zu sein, müssen Sie regelmäßig Zeitung lesen. 7 Um Romane zu schreiben, müssen Sie gerne schreiben und viel Fantasie haben. 8 Um ein guter Sportler zu werden, müssen Sie viel trainieren.

5 **a** werde ... vorbeischauen **b** sein wirst **c** wird sich ... ärgern **d** werden ... ändern können **e** werdet ... finden **f** werden ... haben **g** werden feststellen

6 1d 2c 3a 4f 5e 6b

7 **a** Ein Hoch über Frankreich *wird* morgen sommerliche Temperaturen nach Deutschland *bringen.* 3 **b** Sie *werden* Ihren Partner *verlassen.* Sie *werden* den Mann Ihres Lebens *kennen lernen.* Sie *werden* ihn *heiraten.* 1 **c** Wählen Sie unsere Partei und Deutschland *wird* wieder ein kinderfreundliches Land *werden.* 6 **d** In der nächsten Woche *werden* einige Überraschungen auf Sie zu *kommen.* 2 **e** Die beiden großen Parteien CDU/CSU und SPD *werden* gleich stark *sein.* Die Grünen *werden* nicht mehr auf ihr Ergebnis der letzten Wahlen *kommen.* Die FDP *wird* knapp über der 5%-Hürde *liegen.* 4 **f** Es *wird* dann mehr als 8 Milliarden Menschen auf der Erde *geben.* 5

8 **a** Relativitätstheorie **b** Kernspaltung **c** Automobil **d** Buchdruck **e** Elektrisches Licht **f** Dampfmaschine **g** Antibiotikum **h** Computer **i** Dynamit **j** Telefon

9 1g 2b 3c 4d 5h 6f 7i 8e 9a 10j

10 **a** Kopfschmerzen, die **b** Grippe –, die **c** Rückenschmerzen, die **d** Fieber –, das **e** Halsschmerzen, die **f** Husten –, der **g** Erkältung –, die **h** Bauchschmerzen, die **i** Allergie –, die **j** Schnupfen –, der **k** Zahnschmerzen, die

11 **a** starke Kopfschmerzen, Migräne **b** starke Rückenschmerzen, Hexenschuss **c** starker Husten, Asthma **d** Allergie, Heuschnupfen

12 **a** Wenn ich Halsschmerzen habe. **b** Wenn ich einen Sonnenbrand habe. **c** Wenn mich eine Biene gestochen hat. **d** Wenn ich Durchfall habe. **e** Wenn ich einen Kater habe. **f** Wenn ich eine Beule habe. **g** Wenn ich mich in den Finger geschnitten habe. **h** Wenn ich Schluckauf habe. **i** Wenn ich hohes Fieber habe. **j** Wenn ich mich verbrannt habe. **k** Wenn ich Muskelkater habe. **l** Wenn ich Schnupfen habe.

13 **a** Wenn **b** Wann **c** wenn **d** Wenn **e** wann **f** wenn, wenn **g** wenn **h** wann, wenn

14 **a** werde ... behandelt **b** Wirst ... untersucht **c** wird ... geröntgt **d** ernst genommen werden **e** werdet ... abgeholt **f** benachrichtigt werden

15 **a** Er wird genau untersucht. **b** Der Blutdruck wird kontrolliert. **c** Blut wird abgenommen. **d** Der Puls wird gemessen. **e** Der Kopf wird geröntgt.

16 **a** Immer werde ich nur getreten. – Ich möchte auch einmal gestreichelt werden. **b** Immer werde ich nur an- und ausgezogen. – Ich möchte in Ruhe gelassen werden. **c** Immer werde ich nur auf dem Campingplatz abgestellt. – Ich möchte auch einmal in die Berge gefahren werden. **d** Immer werde ich nur gelesen. – Ich möchte auch einmal gehört werden. **e** Immer werde ich nur in die Ecke gestellt. – Ich möchte mal mitten auf den Tisch gelegt werden. **f** Immer werde ich nur voll gepackt. – Ich möchte mal leer spazieren getragen werden. **g** Immer werde ich nur auf einen Brief geklebt. – Ich möchte auch einmal ohne Brief verschickt werden.

17   **a** dass Sie auf Händen getragen werden. **b** dass Sie in die Wiese gelegt werden. **c** dass Sie von einem kleinen Männchen mit einem langen Bart auf den Teppich eingeladen werden. **d** dass Sie leicht hin und her geschaukelt werden. **e** dass Sie von den Wolken eingefangen (werden) und sanft gestreichelt werden. **f** dass Sie wieder sanft auf den Boden zurück gelegt (werden) und von den leisen Tönen einer Geige aufgeweckt werden. **g** dass Sie kräftig geschüttelt werden müssen. **h** dass Sie mit einem kalten Waschlappen aufgeweckt werden müssen.

18   **a** zum Einsatz kommen **b** Platz nehmen **c** eine Lösung finden **d** Erfolg bringen **e** die Hoffnung aufgeben **f** in Mode kommen **g** eine Frage stellen **h** Abschied nehmen **i** zu Ende bringen **j** zur Ruhe kommen **k** sich einer Therapie unterziehen **l** keine Besserung bringen

19   **1d** an **2e** an **3a** über **4f** über **5b** zu **6c** um

20   **a** über die **b** an den **c** nach – **d** von deinen **e** über – **f** bei den **g** zu –

21   **a** an, an, bei **b** auf, um **c** an **d** auf **e** auf **f** mit, von **g** mit, über